道路交通运输与经济发展探索

马兆芝　朱　虹　李媛媛◎著

吉林科学技术出版社

图书在版编目（CIP）数据

道路交通运输与经济发展探索 / 马兆芝，朱虹，李媛媛著. -- 长春 : 吉林科学技术出版社，2023.5
ISBN 978-7-5744-0394-9

Ⅰ. ①道… Ⅱ. ①马… ②朱… ③李… Ⅲ. ①公路运输－交通运输经济－经济发展－研究－中国 Ⅳ. ①F542.3

中国国家版本馆 CIP 数据核字(2023)第 092821 号

道路交通运输与经济发展探索

作　　者　马兆芝　朱　虹　李媛媛
出 版 人　宛　霞
责任编辑　王丽新
幅面尺寸　185 mm×260mm
开　　本　16
字　　数　277 千字
印　　张　12.25
版　　次　2023 年 5 月第 1 版
印　　次　2023 年 5 月第 1 次印刷

出　　版　吉林科学技术出版社
发　　行　吉林科学技术出版社
地　　址　长春市净月区福祉大路 5788 号
邮　　编　130118
发行部电话/传真　0431-81629529　81629530　81629531
81629532　81629533　81629534
储运部电话　0431-86059116
编辑部电话　0431-81629518
印　　刷　北京四海锦诚印刷技术有限公司

书　　号　ISBN 978-7-5744-0394-9
定　　价　65.00 元

前　言

作为国民经济的重要基础设施和基础产业，道路交通运输是社会经济发展的重要物质基础，其基本任务是通过提高整个运输业的能力和工作质量，来改善国家各经济区之间的运输联系，进而安全迅速、经济合理地组织旅客和货物运输，保证最大限度地满足社会和国防建设对运输的需求。展望21世纪，我国交通运输业将在继续大力推进交通基础设施建设的基础上，依靠科技进步，着力解决好交通运输中存在的诸多关键技术问题，包括来自环境、能源、安全等方面的众多挑战，建立起一个可持续性的新型综合交通运输体系，以满足社会发展对交通运输提出的更高要求。客运高速化、货运物流化、运营管理智能化将成为21世纪我国交通运输发展最明显的几个特征。作为国民经济的命脉，交通运输业正面临着重大的战略需求。掌握交通运输技术的人才及其人才的培养自然成为社会各界关注的热点问题。无论是公路运输、铁路运输，还是水路运输、航空运输、管道运输等都需要大量的从事交通运输专业的高级技术与组织管理人才，由他们运用先进的技术来装备交通运输，用科学的方法来组织管理交通运输。

本书属于道路交通运输与经济发展方面的书籍，随着经济的发展，交通运输业已经逐步进入了综合交通运输体系的时期。首先，本书从交通运输理论基础介绍入手，针对交通运输系统工程、交通运输市场进行了分析研究；其次，对交通运输需求与供给、道路交通的运输设备做了一定的介绍；最后，还对智能运输系统与交通运输产业与可持续发展政策做了简要分析，旨在摸索出一条适合道路交通运输工作创新的科学道路，帮助其工作者在应用中少走弯路，运用科学方法，提高效率。

本书在写作过程中得到了广大同事的帮助，也参考了许多同行及相关领域专家的文献资料，在此表示衷心的感谢。由于水平有限，时间较为仓促，书中有遗漏或不足之处，敬请广大读者和专家提出宝贵意见。

目　录

第一章 交通运输理论基础

第一节 交通运输基本概况

一、交通运输的定义

（一）运输

所谓运输，是指人和物的载运和输送，是指运输工具借助公共运输线及其设施实现人与物空间位移的一种经济活动和社会活动。在经济与社会生活中，人与物的空间位移几乎无处不在，有些位移并不属于运输，一是经济活动中的输电、输水、供暖、供气和电信传输等，虽然也产生物质位移，但各自拥有独立于运输体系之外的传输系统，完成的物质位移不依赖公共运输工具，不属于运输的范围；二是运输工具改造的特种移动设备（如采血车、挖泥船）虽然利用了公共运输线，但其行驶并非为了完成人与物的位移，而是为了完成某项特定工作，不属于运输的范围；三是由某种工作性质引起的由运输工具所完成的人与物的位移（如在工作单位、家庭周围、建筑工地），也不属于运输的范围。

（二）交通

交通是指运输工具在运输网络上的流动。根据运输网络范围的不同，交通可分为全国交通、区域交通和城市交通，值得注意的是：第一，“交通”一词在很多场合专指交通工具在城市交通网络上的流动，且侧重于城市道路交通；第二，交通以往是指各种运输和邮电通信的总称，即人和物的转运和输送，语言、文字、符号、图像等的传递和播送，但目前此类用法已少有提及。

（三）交通与运输的关系

由上可见，交通强调运输工具在运输网络上的流动情况，其与运输工具上是否载运人员和物资没有关系。运输强调运输工具上载运人员和物资的数量与位移距离，并不关注使用何种交通工具和运输方式。例如，公路交通量指标是指单位时间内通过某路段道路的车辆数，它与运输对象无关；公路运输量指标则是指一定时期内运送人员或物资的数量。交通与运输既密切相关，又有所区别。运输以交通为前提，交通作为一种手段，没有交通就不存在运输；交通以运输为目的，没有运输的交通也就失去了存在的必要。

事实上，交通与运输反映的是同一过程的两个方面，同一过程是指运输工具在运输网络上的流动；两个方面是指交通关注运输工具的流动情况（流量的大小、拥挤的程度），运输关注流动运输工具上的载运情况（载运有无与多少、载运的距离）。存在载运时，交通过程就是运输过程，从这个意义上讲，由交通与运输构成的一些词语可以相互替换使用，如交通线与运输线、交通部门与运输部门等。

二、交通运输业的意义

（一）交通运输业的经济作用

1. 交通运输业的发展是经济发展的先决条件

交通运输业的先行发展对工业发展具有诱导作用，然而运输业的发展对经济的更大作用表现在促进资源的开发和扩大市场上。早期的工厂多建在河海沿岸，就是为了货物运输便利，随着运输业的不断发展和运输水平的提高，内陆和偏远地区的资源才得以开发和利用；运输手段的改进和完善，促进了全球大市场的形成，对世界各国的经济发展乃至政治都产生了极为深刻的影响，基于运输业的重要作用，许多国家都在工业发展初期把对运输业的政策倾斜作为发展经济的一项基本国策。

2. 交通运输业在经济发展中具有重要地位

交通运输业是国民经济的一个基础部门，它对社会的巨大作用大多蕴含在运输对象的利益中。同时，运输生产还创造了直接价值，构成了国民经济的一部分。

3. 发展交通运输具有广泛的经济意义

运输业的发展对促进经济乃至整个社会的发展具有广泛而深刻的经济意义。

首先，运费的改变将导致市场范围分界的改变。原料的制造者和生产者关心他们在与其他地区的生产者相竞争的条件下所能销售其产品的范围，而运价在确定范围大小中起重要的作用。

其次，运输的发展促进了工业体系的变动。制造业配置的一般原则是设在综合运费最少的地方，因此运费的改变将影响工业布局；运输的发展还促进了生产的区域专业化和劳动的地区分工，这种变动将大大增进社会福利；同时，运输的发展还能促进规模生产，这也是现代化生产方式的一个重要特征。正因为运输发展所具有的上述作用，才对社会产生了巨大的影响，其中最主要的综合效应是抑制了通货膨胀。

最后，运输的发展极大地扩展了生产的地域范围，即运输费用的下降增加了较远地区的土地价值并提高了该地区的经济发展水平，同样促进了经济的迅速发展和地区的繁荣。

（二）交通运输业的国家意义

作为国民经济的重要组成部分，交通运输业还是国家实施职能的重要工具。在维护国家安定统一、巩固国防、实施社会经济宏观调控等方面起着重要作用。

首先，交通运输业具有公益功能。衣食住行是人类的基本生活需求，构成社会经济运行的基本框架，运输业发达与否已成为衡量经济与社会发展水平的标志之一，在自然灾害、战争和社会动乱等非常时期，运输业的超经济功能表现得更加突出。

其次，运输业具有宏观调控功能。交通运输业发展的核心作用是稳定与平衡市场，从而使国民经济具备稳定正常发展的条件，这样一来，发展运输业就成为政府实现自己社会经济职能的有效手段。

再次，交通运输业有助于维护国家统一运输的发达与便利促进了各民族文化的交流和融合，并由此产生国家意义上的民族亲和力。同时，运输业促进了国家各区域的经济与人员往来，增强了国家的凝聚力，有助于实现国家统一。

最后，发达的运输业有利于保证国家的国防安全。从古代的“兵马未动，粮草先行”，到现代的海湾战争，战场的胜负之争已演变成为后勤保障水平的较量，尤其是军事运输能力的较量。

有鉴于此，交通运输业作为发挥国家作用和实现政府职能的有效手段，一直受到政府的严格管制，交通运输政策也一直是国家政策架构的重要组成部分。

（三）交通运输基础设施与经济发展的关系

1. 运输基础设施的含义及特性

在各国经济体系中，基础设施可分为交通运输基础设施、信息基础设施、能源基础设施、水利基础设施、生态基础设施、防灾基础设施、社会性基础设施。其中，交通运输基础设施所占比重最大，是现代经济发展的最主要基础设施，其主要特征包括：

第一，运输基础设施配置的规模大且酝酿期长。由于运输基础设施项目规模大、配套性强，必须同时建设才能发挥作用，因而一开始就需要有最低限度的大量投资作为初始资本，并要有相应的辅助设施才能投入使用。同时，与一般的直接生产部门相比，运输基础设施建设周期长，投入资金难以短时期内得到回报。

第二，运输基础设施在时间上具有不可逆性。由于建设周期较长，运输基础设施必须在建设时间上先行一步，从发达国家工业化初期的经验来看，交通运输业的发展速度都普遍高于生产总值的增长速度。

第三，运输基础设施具有较大的外部经济性。运输基础设施是直接生产活动得以进行的基础，因而其社会经济利益高于其他产业部门，但资金收益率却低于其他产业部门。

2. 运输基础设施对经济发展的作用

运输基础设施对经济发展的促进作用主要表现在以下五个方面：

第一，运输基础设施作为直接生产要素投入生产过程，并且在很多情况下往往作为无须付费的资源直接使用，它通过使劳动力和其他资本富有效率来发挥生产函数的作用。

第二，运输基础设施使得其他资源产出效能更大，完善的运输基础设施使商品供应销售的范围扩大，生产和销售的过程更为有效，同时为规模经济创造了机会，加大了专业分工，改变了物流系统，最终降低了成本。

第三，运输基础设施可以作为经济发展的催化剂。在生产要素自由流动的情况下，根据资源最佳配置的条件，生产要素往往倾向于流向运输基础设施较好的地方。

第四，运输基础设施通过改变总需求来影响产出。运输基础设施的建设能够创造和增加对其他产业中间产品的需求，从而引起经济上的乘数效应，最终促进经济的发展。

第五，运输基础设施是吸引外资的重要因素。运输基础设施的完善程度在决定一国获得外国直接投资的竞争中有着非常重要的作用。

政府投资运输基础设施是拉动经济发展的一种手段。随着国民经济的发展，经济结构和产业结构的变化对交通运输提出了新的需求，仅通过原有的运输方式已不能适应经济的要求，因此，更具经济性的运输方式和组织方式便产生和发展起来，运输基础设施就是通过在空间位移和时间跨度变化上的高效率来实现经济成本的节省和经济总量的提高。

三、交通运输业的经济特性

（一）运输业具有网络经济特性

运输业的网络经济，是指运输网络由于其规模经济与范围经济的共同作用，运输总产出扩大引起平均运输成本不断下降的现象。运输业网络经济由其规模经济和范围经济共同构成，前者是指随着网络上运输总产出的扩大，平均运输成本不断下降的现象；后者是指与分别生产每一种运输产品相比较，共同生产多种运输产品的平均成本可以更低，这既可以指某一运输企业的情况，也可以指某运输网络或网络某一部分（如线路、节点、车辆和车队等）的情况，由于运输业规模经济和范围经济的特殊性，其网络经济又进一步通过其转型的运输密度经济和幅员经济得到体现。

（二）运输业具有自然垄断性

1. 运输业的垄断性

运输业的垄断性主要体现在以下四个方面：

第一，运输网络基础设施资产具有显著的专用性特征：在各种运输业资产中，运输网络基础设施的专有专用性程度极高，因而保持着自然垄断特性；非机动车船等载运工具的专有专用性程度极低，因而表现出竞争特性；而介于两者之间的运输基础设施与载运工具则多数保持着垄断竞争特性。就运输业基础设施而言，它不仅具有地理区位的专用性，而且具有物理性能上的专用性（资产在物理性能上只能用于交通运输的特性），因而是一种典型的专用性资产，从某种意义上说，运输网络基础设施在地理位置与物体性能的专用性，客观上也要求运输网络基础设施的专有性，即由一个或多个主体来拥有或控制其所有权，运输网络基础设施资产的这种专有专用性就决定了运输网络基础设施的自然垄断性。

第二，运输网络通常是固定的基础设施（如铁轨）和移动设备（如机车车辆）的结合，因此在运营中能否将网络基础设施所有权与利用这些基础设施的移动设备进行分离是一个关键问题。一些运输产业（如道路交通）的基础设施和移动设备分离非常容易；但出于技术原因，另一些运输产业中的这种分离却难以做到。由于规模经济和范围经济的作用，一家企业或极少数寡头垄断企业供给市场要比几个较小规模的企业供给市场来得经济，能够更有效地利用资源，这种基于自然技术原因形成的垄断，被形象地称为自然垄断。

第三，尽管网络基础设施没有显示出非独占性和非竞争性，但拥挤性物品的客观存在以及网络经济性所决定的非拥挤性要求必然导致政府管制的介入。而这一管制的介入一般采取限制进入机制，如通过付费体系、实物控制和限制使用来达到目的。但是，许多网络难以针对基础设施制定进入政策；同时，基础设施的共同供给也存在如何确定合理使用价格的技术性难题。

第四，运输业长期被用作国家政治、军事和经济政策的战略工具。一方面，为获得政治凝聚力和保障社会的稳定，国家对运输业实施一定程度的垄断，并使之成为宏观政策工具或手段；另一方面，运输业所具有的技术经济特征以及由此产生的一系列独特问题需要由政府做出积极的反应，并要借助政府管制力量来改善社会分配效率。

2. 运输业的竞争性

运输业在具有垄断性的同时，也具有一定的竞争性，主要体现为以下两个方面：

第一，运输网络经常相互重叠和影响，在不同的环境中，不同的运输网络能够相互竞争或相互补充，例如，公路运输与铁路运输之间既有互补性，又有一定的替代性，从而具有一定的竞争性，随着运输技术的不断发展，每种运输方式提供运输服务的最佳经济范围不断扩大，使得运输方式之间的替代性增强，同时也增加了运输业的竞争性。

第二，运输市场容量和市场范围的扩大，可能使得一家运输企业独占市场不再具有合理性，从而导致市场结构从强自然垄断向弱自然垄断和竞争转变。自然垄断能否成立，取决于平均成本最低时的产量相对于市场规模的大小，一般情况下，市场规模越小越封闭，最小最佳规模与市场容量之比越大，市场竞争越不充分，垄断越容易发生；随着市场容量和运输范围的扩大，当平均成本达到最低时，若企业最佳运输供给量水平小于扩大的市场规模，该运输产业就具备多家企业竞争的技术基础。

（三）运输业具有公用产品和外部性特性

1. 运输产品属于拥挤性公共物品（混合物品）

现代经济学将社会产品划分为公共物品（拥挤性公共物品）、私人物品和准公共物品三类。作为混合物品的运输业，其基本特征表现为以下两个方面：

第一，运输产品利益由集体消费但受拥挤约束。在同一时间内，运输基础设施所能承受的载运工具有限，载运车辆越多，车速越慢，这就意味着除了燃油费、维护费、车辆折旧费外，还必须支付时间损失费（拥挤费），因而运输物品是一种典型的俱乐部物品，其拥挤成本十分显著。

第二，运输业融公益性、基础性与竞争性为一体。运输业的固定资产由两部分构成，一是运输基础设施（不可移动的固定资产），二是运输工具（可移动的固定资产）。从运输基础设施的公益性来考察，运输业中既有公共物品性质的公益性项目，也有基础性和竞争性项目；但在绝大多数情况下，运载工具投资是企业或运输业主的行为，这类固定资产在生产中的价值转移必须由企业或运输业主负责补偿。很明显，交通运输作为混合性公共物品，既可以是公共物品，也可以是私人物品；既可以由政府提供，也可以由其他社会成员提供。

2. 运输业具有极强的外部性

运输业外部性是一般外部性在运输经济活动中的具体体现，其核心是运输经济活动对社会经济发展目标的作用与影响，运输业的外部经济主要表现为产生并放大经济乘数效应（刺激产出和生产率增长），提高消费者剩余与生产者剩余，带来土地升值的效应，影响市场空间的拓展等方面；运输业的外部经济则可以分为三个不同的层次：第一层次是运输系统与资源、环境系统的作用而产生的负外部性；第二层次是运输系统内各部分或各种运输方式之间相互作用而产生的负外部性；第三层次是运输部门与政府以及私人消费与生产间相互作用而产生的负外部性。从运输与可持续发展关系的角度看，运输外部性的考虑重点一般放在第一层次与第三层次上。

（四）运输业具有产品完整性特征

运输产品本质上应该是完整的，运输业的产品是在一定的时间期限内，利用一种或多种运输工具，实现顾客所需要的人与物的空间位移，每一个位移都有起点和终点，只有实现了从起点到终点的全部过程，才算完成一次完整的运输，因而运输产品具有完整性。运输产品的完整性要求运输服务网络的完整性，但是由于各种运输方式自身的局限性，运输过程的不衔接或中断都将影响运输产品的质量。当社会对运输业的需求超过任何一种运输方式单独具有的优势领域时，就要求两种及以上的运输方式进行协作，充分发挥各自的技术经济优势，通过组合供给方式，较好地实现运输的连续性，运输业的发展过程实际上就是向客户提供越来越完整和质量更优的运输服务的过程，哪一种运输网络更有利于提供完整运输产品或者能够联合其他运输方式组合为完整的服务网络，其竞争力就越强。

（五）运输业需要并产生巨额沉没成本

运输业固定成本较大且成本具有沉淀性。以铁路运输产业为例，传统的铁路企业必须自己拥有铁路线路基础设施（主要为轨道、通信信号和车站），结果是其固定成本占总成本的比重很大，有研究表明，在线路能力和通信信号系统保持不变的情况下，铁路线路的短期固定成本占总成本的比重在50%~80%之间。另外，由于铁路线路的使用寿命较长，不能移动，很难被用于其他用途，且残值较低，因此其沉没成本也较高，尤其是线路及其通信等基础设施的投资巨大，线路成本的沉淀性更大大超过上部运营服务。其他运输方式也或多或少地存在着与铁路产业类似的情形。

第二节　交通运输产业分类

一、产业分类的基本理论

（一）产业概述

在国外产业经济学中，“产业”一词一般指生产同一种产品（包括物品和劳务）的企业的集合。在发达的商品经济中，一个企业生产多种商品，这个企业生产的商品和另一个企业生产的商品须具有比较强的替代性，这两个企业才能被认为属于同一产业。从需求角度来说，产业是指具有同类或相互密切竞争关系和替代关系的产品或服务；从供应角度来说，产业是指具有类似生产技术、生产过程、生产工艺等特征的物质生产活动或类似经济性质的服务活动，产业是一种社会分工现象，它随着社会分工的产生而产生，并随着社会分工的发展而发展。

大体上，产业具有下列六项特点：第一，产业是社会分工的产物。产业随着社会分工的产生而产生，并随着社会分工的发展而发展。第二，产业是社会生产力不断发展的必然结果。生产工具的进步是生产力发展的主要标志，并促进了社会生产力的逐步提高，促使产业产生和发展以及各产业内部分工进一步细化，新的产业部门大量涌现出来。第三，产业是具有某种同类属性的企业经济活动的集合。产业既不是某一企业的某些或所有经济活动，也不是部分企业的某些或所有经济活动，而是指具有某种同一属性的企业经济活动的总和，各产业的生产活动都有其共同的属性或特征。第四，产业是介于宏观经济与微观经济之间的中观经济。产业作为经济单位，它既不属于客观经济所指的国民经济，也不属于微观经济所指的企业经济活动或居民消费行为，而是介于宏观经济和微观经济之间的中观经济。第五，产业的含义具有多层次性。随着社会生产力的进一步提高，社会分工越来越细，特殊分工成为主导形式并不断复杂细化，产业也可以继续细分下去。第六，产业的内涵和外延不断扩展。随着社会生产力的不断提高，产业的含义也在扩展，由重农学派时期的专指农业，扩展到资本主义工业时期的主要指工业，再扩展到近代以后包括农业、工业、服务业三大产业及其细分各产业，直到现在凡是具有投入产出活动的产业和部门都可以列入产业的范畴。

(二) 产业的一般分类方法

1. 三次产业分类法

三次产业分类法是由新西兰经济学家费歇尔首先创立的。他在 1935 年提出人类经济活动的发展有三个阶段：第一阶段的人类主要生产活动是农业和畜牧业；第二阶段开始于英国工业革命，纺织、钢铁及机器等制造业迅速崛起和发展；第三阶段开始于 20 世纪初，大量的资本和劳动力流入非物质生产部门。三个阶段的产业相应地称为第一产业、第二产业和第三产业。今天，三次产业分类法更多地以经济活动与自然界的关系为标准，将全部经济活动划分为三大类，即将直接从自然界获取产品的物质生产部门划为第一次产业，将加工取自自然界的产品的物质生产部门划为第二次产业，将从第一、二次产业的物质生产活动中衍生出来的非物质生产部门划为第三次产业。

2. 国际标准分类法

国际标准分类法实际上同三次产业分类法相一致，且比后者更为细化。它同三次产业分类法保持着稳定的联系，其分类的大项很容易组合成三个部分，因而同三次产业分类法的三次产业相对应。例如，第一大项为第一次产业；第二至第五大项为第二次产业；第六至第十大项为第三次产业。根据国际标准分类法所做的统计有很高的可比性，得到了广泛运用。

3. 生产要素分类法

生产要素分类法是按照劳动、资本、知识等生产要素的比重或对各生产要素的依赖程度对产业进行分类的方法。根据所需投入生产要素的不同比重以及对不同生产要素的依赖程度，可以将全部生产部门划分为劳动密集型产业、资本密集型产业和知识密集型产业三类。生产要素分类法能够客观地反映一国的经济发展水平，有利于国家制定相应的产业发展政策，因此得到了广泛的应用。但是，生产要素分类法的划分界限比较模糊，分类具有动态性和相对性，容易受到主观因素影响。

二、交通运输业与第三产业和服务业分类

(一) 第三产业与服务业的关系

在叙述产业分类及范围时，有时使用“第三产业”，有时使用“服务业”或“服务性行业”的概念。从某种意义上说，第三产业可理解为服务业，但是“第三产业”并不等

于“服务业”。“第三产业”和“服务业”是从两个角度研究的，内涵有所差异，外延又不尽吻合的两个概念。

从严格意义上讲，“第三产业”并不等于“服务业”，然而两者在范围上又几乎吻合。以自来水、电力、煤气和天然气业为例，有的主张将其划入第二产业，也有的主张将其划入第三产业，其实，水、电、煤气和天然气的生产过程和供应过程并不一致，其在生产过程中消耗的劳动仅仅是一般意义上的生产劳动，并不是服务劳动，它与一般商品生产劳动并无任何区别，应该将其划入第二产业；但是，其供应过程中所消耗的劳动又是服务劳动，可以划入第三产业。可以说，这一问题在美国的天然气井生产及管道运输中同样明显，由此引发了美国各州政府针对管道运输的不同管制政策。

一般而言，“服务业”这一概念比“第三产业”更严谨、更科学、更有规定性。“服务业”不仅在内涵上有规定性，外延上也有规定性，范围只是服务行业和服务部门；而“第三产业”在内涵上则没有规定性，这就为第三产业的部门构成留下了随意性的弊病，各国或经济学家可以凭自己的看法将某些部门划入第三产业。另外，随着经济生活国际化和生产国际化的日益广泛，服务业在各国经济中的重要性也日渐突出，各国服务交换越来越普遍，服务贸易在全球贸易中的比重也越来越大，这类贸易只能称为“服务贸易”。这一点在克拉克修订其《经济进步的条件》时，已经充分认识到了，于是他便改“第三产业”为“服务业”，并坚持农业、制造业和服务业的产业划分法。

（二）运输业与三次产业分类

1. 三次产业的划分

按照克拉克的分类方法，第一产业以农业为主，包括畜牧业、狩猎业、渔业、林业等；第二产业以制造业为主，包括矿业；其他为第三产业。但是迄今为止，关于三次产业的具体划分问题，国际上尚无完全一致的看法，主要分歧为采掘业是属于第一产业还是第二产业，建筑、运输、邮电、煤气、电力、自来水等是属于第二产业还是第三产业。

2. 运输业属于第三产业

目前，关于三次产业的关系，国际上比较流行的分类为：第一产业包括种植业、畜牧业、林业、渔业和狩猎业等；第二产业包括采矿、制造业、煤气、供电、供水等；第三产业包括一、二产业以外的所有行业。据此，联合国、欧、美、日以及我国等均将运输业划入第三产业范畴。

鉴于第三产业包含的行业多、范围广，我国又将第三产业分为流通部门和服务部门两大部门，具体又可分为流通部门、为生产和生活服务的部门、为提高科学文化水平和居民素质服务的部门、为社会公共需要服务的部门共四个层次，其中交通运输业属于流通部门即第一层次。按照国家统计局规定，在国内进行分析时，采用上述第一层次、第二层次、第三层次计算第三产业产值和国内生产总值；在与国外国家进行国际比较时，则按国外国家通用的计算范围，采用上述四个层次计算第三产业产值和国内生产总值这种产业分类，符合我国实际，也与国际上通行的产业分类大体一致，便于进行国际比较。

（三）交通运输产业与服务业分类

1. 服务分类

（1）服务定义

服务是隶属于某一经济单位的个人或物品状况的变化，这种变化是事先经过该经济单位同意之后由其他经济单位实施的。总之，根据服务的本质特征，可见服务的“三性”定义，即服务具有无形性、不可运输性和不可储存性的特点，这在学术界得到了较为广泛的采用。

（2）服务的分类

由于服务具有多样性和异质性，这就为其统一分类和定义带来了困难，为了不使服务的定义成为服务研究与发展的障碍，目前人们倾向于使用服务分类法确认服务的基本含义，主要有以下两个方法：

第一，布朗宁和辛格曼划分方法。1975 年布朗宁和辛格曼在《一个服务社会的出现》中，提出将服务划分为四种形式：一是经销服务，如运输和仓储、批发和零售贸易等服务；二是生产服务，如银行、财务、保险、通信、不动产、工程和建筑、会计和法律服务等；三是社会服务，如医疗、教育、福利和服务，邮政服务和其他政府服务等；四是个人服务，如家庭服务、修理服务、理发美容服务、宾馆饭店等旅游服务和娱乐业服务等。其中，经销服务和生产服务在一定程度上与第一产业和第二产业关系较为密切，属于“商品导向型服务”；社会服务和个人服务则与服务消费者的关系十分密切，属于“消费导向型服务”。

第二，关贸总协定划分方法。关贸总协定乌拉圭回合谈判服务贸易谈判委员会曾将服务贸易划分为四类：一是商品形式存在的服务，包括电影、书籍、计算机、数据传送装置等服务；二是对商品实物具有补充功能的服务，包括运输、仓储、会计、广告等服务；三是对商品实物具有替代功能的服务，包括特许经营、租赁和维修等服务；四是与其他商品不发生联系的服务，包括通信、数据处理、旅游、旅馆和饭店等服务。

上述分类方法存在着缺陷，一方面，服务创新和技术进步使得新兴服务业不断产生，服务业的分类方法必须是开放的，以便随时增添新型服务业，这样就必然会给服务理论研究带来相当的不确定性；另一方面，针对服务的分类具有明显的主观性，研究者对特定的服务部门的构成往往有自己的观点，并有可能为此夸大或缩小特定服务部门的构成范围，这种状况不可避免地给服务的可比性和交叉适用设置了障碍。

2. 运输在服务业的分类

（1）克拉克“三次产业分类法”

1940年，英国经济学家克拉克在《经济进步的条件》一书中对国民经济的三次产业结构做了明确的区分。值得指出的是，1957年克拉克在《经济进步的条件》第三版中，已经不再使用“第三产业”，取而代之的是“服务性行业”，并明确地把产业结构划分为农业、工业、服务业三大部门。服务性行业具体包括建筑业、运输业、旅游业、通信业、商业、金融业、专业性服务、行政管理、军队和律师业等，其范围有所扩大。

（2）联合国标准产业分类法

1971年，联合国为了统一各国的产业分类，颁布了《全部经济活动国际标准产业分类索引》，将全部经济活动分为10大项、若干中小项和细项，在国际标准产业分类中分出4项主要的服务业，并以两位数法将其细分为更细的组别。1980年，英国标准产业分类也做了4项重要服务业划分：销售业、饭店业、餐饮业和修理业，运输业、通信业，银行业、金融业和保险等，其他服务业（包括公共行政、教育和娱乐）。

（3）关贸总协定分类法

1989年4月，关贸总协定秘书处开列了“服务部门参考清单”，其中将服务业分为14个部门：一是商业性服务，主要包括设备租赁服务、不动产服务（不包括土地和租赁）、安装及装配工程服务、设备维修服务、伴随生产活动的服务、专业服务、其他服务；二是通信服务，指社会通信活动过程中涉及的各类产品、操作、设备和软件系统等活动的服务；三是建筑服务，指涉及工程建筑全过程的各类服务；四是销售服务，指产品销售过程中的各种服务；五是教育服务，指在高等教育、中等教育、初等教育，以及职业教育和特殊教育等各层次上提供的相关服务；六是金融服务，指除保险业外的所有金融服务活动；七是保健服务，指涉及个体（包括动物）卫生健康的所有服务；八是旅馆和饭店服务，指为旅行者或住宿者提供的所有服务；九是保险服务，主要包括货物运输保险、非货物运输保险服务，各种附属于保险的服务，以及再保险服务等；十是个人服务，包括房屋清理及维修、护理，以及其他个人护理服务；十一是文化娱乐服务，指除广播、电影和电视外的所有文化娱乐服务，如文化交流、文艺演出等；十二是动产销售服务，指各种动产销售过程中涉及的服务；十三是交通运输服务，指交通运输过程中形成的各种服务，主要包括货物运输服务、客运服务、船舶服务、附属于交通运输的各类服务等；十四是其他服务，指暂时没有被列入上述服务项目的服务活动。

值得注意的是，世界贸易组织《服务贸易总协定》服务业分类表针对运输服务业的分类较为详细，共将运输服务分为九大类，主要有海洋运输服务、内水运输服务、航空运输服务、太空运输服务、铁路运输服务、公路运输服务、管道运输服务、所有运输方式的辅助服务及其他运输服务，并且将各运输分部门又进行了进一步的分类，便于运输业谈判的顺利进行。

第三节　交通运输产业结构

一、公路运输业的产业结构

道路货物运输拥有三个主要产品经营领域，即整车普通货物运输、网络型道路货物运输（包括汽车零担运输、汽车集装箱运输、公路快件运输等）和特种汽车运输（大件、冷藏、鲜活等）。特种汽车运输占有的市场份额较小，在这里不做考虑。根据道路货物运输的技术经济特性，道路货运业的市场结构具有以下特点：

一是整车普通货物运输。由于其不具有规模经济效益，进入的障碍低，并且沉没成本小，退出容易，所以，在充分竞争条件下，整车普通货物运输允许大量的厂商同时存在，形成竞争型市场结构。

二是零担、集装箱和快速货运等网络型道路货物运输。由于其具有规模经济性、范围经济性与网络经济性，要求具备较高的运输生产组织化程度、运输技术和调度指挥装备技术，因此该种运输具有较大的进入障碍，并且沉没成本大，退出困难。所以，在市场竞争机制作用下，运输资源配置和生产方式选择会导致网络型道路货物运输市场结构演变为垄断竞争型结构，由数量较少、规模较大、具有垄断或主导地位的运输企业经营网络化运输。美国在20世纪80年代针对公路运输业放松管制后，全美零担货运市场迅速由一家企业控制，即为此证。

应该说，交通运输业产业结构对于国家交通运输政策的制定十分重要，许多国家交通运输管制政策的推出，运输产业结构与组织政策的出台，不但深受现有交通运输产业结构的影响，有时还进一步影响甚至改变着现有运输产业结构。20世纪80年代以来欧美国家在铁路、民航和公路等领域开展的“放松管制”运动，就显示出了国家交通运输政策与交通运输产业结构的互动关系。

二、铁路运输业的产业结构

传统的铁路运输是一个自然垄断产业结构，实行上下一体化经营的运输方式，铁路公

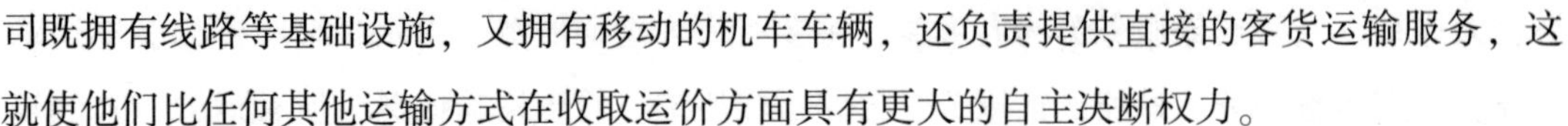

司既拥有线路等基础设施，又拥有移动的机车车辆，还负责提供直接的客货运输服务，这就使他们比任何其他运输方式在收取运价方面具有更大的自主决断权力。

但是，近年来，在铁路运输产业出现了自然垄断部分（路网）和非自然垄断部分（路运）的市场结构分离现象，铁路路网具有自然垄断产业的经济特征，主要表现为固定成本比重大且沉没成本高，具有极强的网络经济性，并且路网具有成本劣加性。铁路路网的经济特征决定了其为一个近乎完全垄断的产业。相对而言，铁路运输业的路运部分主要通过机车车辆向消费者提供运输服务，固定成本比重不大且沉没性不高，存在着替代性竞争，使得路运部分不具备自然垄断特性，在该部分可以引入适当的竞争，以竞争促效率。

三、海运业的产业结构

（一）定期船（班轮）运输市场

1. 由为数不多、规模较大的航运企业构成

定期船需要良好的设备、较高的技术和营运速度，以适应众多货物在运输质量和营运速度方面的特殊需要。维持规则的运输，保持一定的发船密度，需要有一定规模的船队，因此定期船的造价和投资都比不定期船高得多；为了减少船舶在港延误，维持正常班期，船公司通常要支付巨额租金租用专用码头或设备；争取和保证稳定的货载，需要大量的管理费用。总之，定期船从船舶投资到港口费用直至经营管理都需要较多的资金投入，市场准入壁垒较高，只有大型的航运公司才有实力进行经营。

2. 改变航线和退出市场的伸缩性小

定期船按照既定航线经营，要求船公司与货主保持良好的密切关系。为维持稳定的货源，船公司必须在长期的经营活动中，取得货主的信任，建立起相互信任的关系。同时，班轮市场以航线为单位构成，班轮航线经营与其他航线经营连带关系小，船舶营运人一旦开辟了定期航线，就需要不断扩大影响，须在与货主建立密切关系的基础上，巩固业已经营的阵地，甚至谋求垄断的地位。在一般情况下，他们不会轻易改变航线或退出市场，否则将承受巨大的沉没成本损失，市场退出门槛较高。

3. 具有强烈的排他性

定期船公司一旦把大量资金投入航线上，就不得不谋求扩大其影响，并排斥他人的竞争，因此具有经营领域的固定性、改变航线的困难性和强烈的排他性，使得定期船市场竞争更加激烈。但由于定期船市场上的船公司数目相对较少，船公司之间容易达成妥协或结

成价格卡特尔联盟，可以避免恶性竞争。

（二）不定期船运输市场

1. 市场有众多的供给者和需求者

不定期船市场船舶所有人的数量多，公司规模小，有些船舶所有人甚至只拥有一艘船舶，而且单船公司较多。与整个航运市场相比，每一个供给者或需求者所占的市场份额微乎其微。

2. 进入与退出市场门槛低

不定期船市场船舶所有人进入和退出市场比较容易，就进入而言，只要拥有一艘船舶，无论是新船还是二手船，也无论是自有还是租赁，只要配备船员和必要的装备，就可从事不定期船运输，即新的航运供给者进入市场几乎不受任何阻碍；就退出而言，航运供给者既可以出租船舶，也可以卖船，还可以拆船，退出的途径很多。另外，不定期船舶造价较低，对港口装卸设备也无特殊要求，这就使得其进入与退出的资本壁垒较低。

3. 市场交易公开自由

一方面，不定期船市场交易是公开和自由的，极少受到来自政府方面的干预；另一方面，市场上的所有参与者都能及时获取市场上任何一笔运输交易的信息，市场上的所有交易都是公开的，而且随着通信技术的发展，获得信息更为方便、迅速和全面。

4. 运输服务的差异性较小

不定期船运输的货物都是原料和初级产品，对运输服务的要求除了运费低廉外，在运输的规则性、速度、船舱设备等方面没有很高的要求，因此对于货主来说，不同的船舶所有人提供的运输服务差异性一般不大。

四、航空运输业的产业结构

一般来说，各国民用航空业的市场属于寡头垄断市场结构，其特征主要表现为以下六点：一是航空公司数目较少，大公司所占市场份额较大；二是民航市场进入障碍较高，主要由航空业的初始资本投入要求（必要的资本量壁垒）和技术上的要求（绝对费用优势壁垒）构成；三是民航业退出壁垒较高，这主要由民航业的飞机和机场等资产的专用性、技术的系统性和高尖端性构成；四是民航业具有规模经济和网络经济特性，民航企业的规模经济与网络经济存在于企业的各项价值活动中，如单机的大小、机队的规模、公司的规模、航线网络的规模、营销网络规模等，随着生产的扩大，单位产品成本在不断下降；五是在民航业经营成本中，燃油和人工费用所占比重很大，燃油价格的变动对成本影响很大，近两年油价波动导致的民航运输价格波动已反映出这一状况；六是民航产业技术更新极快。

第四节　交通运输的未来发展概述

一、公路运输业的未来发展

（一）运输管理现代化

在运输管理方面，主要体现为以下五个方面：一是公路网的密度远高于其他运输方式，汽车运输的机动灵活、“门到门”运输的优势将得到充分的发挥，其覆盖面更广，服务范围也更广阔；二是形成以现代化货运站为节点的运输服务体系，通过货运站完备的用户服务系统集散货源，利用站内高效的货物分拣、装卸、仓储等设施设备中转货物，站与站之间多采用班线运输方式联结，严格按运营时刻表运行；三是发展为优质高效的运输形式，公路货运业将纳入物流服务业发展的系统中，更强调在专业化原则上的合作，包括不同运输方式之间的合作、与服务对象的合作；四是全面采用先进的通信信息系统，实现站与货方、站与站及站与运输车辆间的通信，满足现代化运输大生产的计算机管理需要，全面采用车辆运行动态监控系统以及 GPS 系统对车辆和货物进行跟踪；五是运输业形成规模化经营，市场主导的是一批规模化、集约化经营的运输企业，在车辆配置上充分考虑使用强度的影响及运输服务品质的要求。

（二）运输设备现代化

一是实现运输工具现代化包括拖车化、车辆箱型化和车体合理化（车辆专用化）；汽车多功能化；汽车低货台化和车厢轻质化；发动机柴油机化和高速化；汽车的动力性、操纵稳定性、燃料经济性、舒适性、制动性、可靠性以及环境要求均在不断改进和优化之中。未来随着新的清洁能源引入运输工具，运输设备还将出现结构性变革。二是道路与场站等运输基础设施现代化随着车辆跟踪、无线寻呼等技术的采用，电子数据交换系统（Electronic Data Interchange，EDI）、决策支持系统（Decision and System Sciences，DSS）和地理信息系统（Geographic Information Science，GIS）等的开发，运输生产向高度自动化管理系统发展，使得汽车调度高度集中而科学，道路和站场的建设也将更加科学而经济，从而实现决策科学化、生产自动化，充分发挥道路运输的优势，完善物流系统。

二、铁路运输业的未来发展

（一）客运高速化

近些年来，铁路客运再度受到各国政府的重视，并朝着高速化方向发展，高速铁路已成为世界潮流。

（二）货运重载化

铁路重载运输得到世界上越来越多国家的广泛重视。一些幅员辽阔、资源丰富，煤炭、矿石等大宗货物运量占有较大比重的工业发达国家和发展中国家，货物运输普遍采用重载技术，铁路重载发展尤其迅速。我国的第一条万吨级重载铁路是大秦线（大同—秦皇岛），主要运输山西的煤炭，年运输量可达到 1 亿吨以上，使用的固移设备均为我国自己生产制造。

（三）铁路线路现代化

一是优化路网结构，主要体现在快运、电气化和重载方面。二是轨道结构现代化，高强度、高弹性、长寿命、低维修是当今世界铁路轨道结构的发展趋势。国外铁路普遍采用重型、合金、淬火钢轨，高标准的有砟道床、高扣压力的弹性扣件等，以提高轨道结构质量。三是牵引供电系统自动化，发达国家牵引变电所基本上实现了自动化和远动化，并采用技术先进、功能齐全、自动化程度高、检测速度和精度高的接触网检测车和变电所电气测试车，构成牵引供电设备的安全检测系统。

（四）通信信号以及助行设备现代化

世界铁路通信技术正朝着综合化、数字化、程控化、宽带化、智能化和个人化方向发展，特别突出了与移动体之间的联络和监控。其中，信号技术正向综合化、智能化、无线化、网络化发展，以微机连锁为基础设备的调度集中，实现了行车指挥和运营管理相关信息处理的自动化，高速列车运行自动控制系统向全数字化发展，不但车上设备实现了数字化，地面信息也采用了数字编码，列车运行间隔调整和列车定位系统向多个方向发展。

（五）机车车辆装备现代化

交流传动具有其他传动方式无可比拟的优越性，用于牵引货物列车，可充分发挥其启

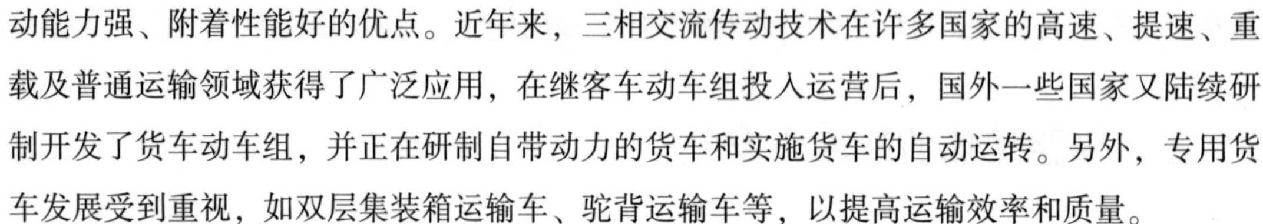

动能力强、附着性能好的优点。近年来，三相交流传动技术在许多国家的高速、提速、重载及普通运输领域获得了广泛应用，在继客车动车组投入运营后，国外一些国家又陆续研制开发了货车动车组，并正在研制自带动力的货车和实施货车的自动运转。另外，专用货车发展受到重视，如双层集装箱运输车、驼背运输车等，以提高运输效率和质量。

（六）运营管理自动化

铁路运营管理自动化系统是计算机技术与现代通信技术高度结合的产物，对提高铁路运输质量和服务水平具有重要作用。国外发达国家铁路先后建立了客运综合服务、货运管理及铁路运营指挥等自动化系统，这些系统除能实现铁路内部运营管理自动化外，还能为旅客和货主提供全方位的信息服务。

三、海上运输业的未来发展

（一）海上运输功能拓展，运输方式变革

现代海上运输强调物流的大系统理念在拓展港口功能并充分发挥港口集疏运作用的前提下，建立以港口为物流中心、多种运输方式优化组合的多式联运系统，使得由原材料供应直到商业销售的整个物流流通系统更顺畅，进而使货方、运输方、销售方和购买方在合理的多式联运中全面受益。

（二）码头泊位深水化与专用化、装卸机械自动化

船舶大型化趋势对港口航道、水域和泊位前沿的水深提出了新的要求。随着第五代、第六代集装箱船舶和大型油轮、散货船的出现，要求港口航道和泊位前沿水域的水深不断加深；针对散货、石油和成品油类以及集装箱等流量大而稳定的货物运输，出现了专用码头泊位，加上专用装卸机械自动化程度高，极大地提高了港口通过能力，同时也提高了港口的装卸效益。

（三）现代信息技术的应用改变了传统的海运经营方式

随着国际互联网和电子商务的发展，一些大型船公司已实现了网上租船、订舱、货物跟踪和港口货物托运、仓储、查询等业务电子商务的实现，提高了海运商务谈判、信息管理和服务的效率，能够使客户得到增值服务。

四、航空运输业的未来发展

（一）新一代民航载运工具的推出

目前的民用飞机是亚音速客机（协和飞机已退出市场），最大载客量不超过500人。进入21世纪，在解决音爆、高升阻比、高温材料、一体化飞行推力控制系统等技术问题的基础上，将推出一批新的飞机机型。

（二）新一代通信、导航、监视和空中交通管理（CNS/ATM）系统的使用

CNS/ATM有四大要素，即通信（C）、导航（N）、监视（S）和空中交通管理ATM。CNS系统是硬件，ATM是软件，两者必须协调配套，分头改造，同时实现，才能充分发挥效能和获得经济利益。

新系统所要达到的目的概括为：①利用新技术适应未来航行的需求，提高系统容量；②覆盖海洋边远地区和高度，形成连续无隙覆盖；③实现数字式数据交换，改善信息传输管理，提高空中交通管理自动化，创造灵便高效的环境；④提高管制的实时性应变性，从程序式管制过渡到战术性管制，获得更好的动态空域；⑤扩展监视作用，保证安全指标下缩减飞行间隔，更有效地利用空域；⑥提高精密定位能力，实现四维导航，实行区域导航扩展短捷直飞航线，扩大飞行运行自由度，节约飞行时间和燃料；⑦对各种环境的适应性，包括不同空域环境，不同交通密度，不同机载设备，不同地面设施，并能适应多样化用户，以及全球飞行时跨区或飞越国境时的适应性。

（三）航空运输信息化的实现

近年来，因特网正演变为商业化全球网络，进而在英、美等发达国家实现航空售票电子化，即旅客实现“无票旅行”，不再需要纸质机票；电子客票的广泛使用，是继喷气式飞机引发的航空运输第一次大变革之后的第二次大变革。此外，航空公司还逐步将信息技术应用到旅客呼叫服务、货物和行李调度、离港控制、常旅客计划、航线管理与航班安排、财务管理、飞机维修及飞行技术和安全管理等方面，形成信息系统一体化和航空运输一体化。

（四）航空运输全球化和经营区域集团化

航空运输全球化是适应经济全球化的需要，以高新技术为基础，以发达国家航空当局为主导，大型航空公司为牵引力的世界范围内航空运输业结构性调整和航空公司间相互依

存、联系及合作关系的新发展航空运输业的这种全球化趋势，一方面使得航空公司可以绕过政府间的航空谈判和协定，变相地获取更多的运营权利；另一方面，传统的双边航空协定中有关预先确定运力和运价审批之类限制性条款，通常倾向于被最终取消。

五、管道运输业的未来发展

（一）发展长距离、大口径、高压力、大输量的油气输送干线

全球新建输气管道的平均长度增加，同时，干线输气管道向大口径和高压力方向发展。

（二）形成大型供气系统

一个大型供气系统通常由多条输气干线、多个集气管网、多个配气管网以及地下储气库等子系统构成，可以将许多油气田与成千上万的用户连接起来，具有多气源、多通路供气的特点，有利于供气的可靠性与灵活性。目前，全世界已形成若干地区性、全国性乃至跨国性大型供气系统，欧洲大陆的供气系统从北海延伸到地中海、从东欧边境延伸到大西洋、从北非连接到比利牛斯半岛和亚平宁半岛。

（三）油气水多相流体混输、天然气高压富气输送等管道输送新技术渐趋成熟

高压富气输送技术是输送过程中保持系统在某一较高的压力范围，使乙烷和丙烷等重组分不致呈液态析出，可以显著提高输送效率，但是要求管材具有更高的防止延性裂纹扩展的止裂韧性，这一天然气管道输送技术的重大创新，混输管道也已从过去的小直径和短距离逐步向大直径与长距离的方向发展。

（四）固体管道运输具有广阔前景

当前，管道运输只能配送液体、气体等物质，未来随着气力输送管道（Pneumatic Pipeline）、浆体输送管道（Slurry Pipeline/Hydraulic Transport）、囊体运输管道（Capsule Pipeline）的成熟，管道物流将进一步向配送固体物资（日用品运输供应等）延伸，即把地面上以车辆配送为主要形式的物流转向地下和管道中，这是一个具有划时代意义的发展。

第二章　交通运输决策

第一节　交通运输系统决策

一、概述

（一）决策的概念

系统决策是指在一定的条件下，根据系统的状态，在可采取的各种策略中，依据系统目标选取一个最优策略并付诸实施的过程。科学决策不同于经验决策，它是在对系统进行科学分析的基础上，运用科学的思维方法，采用科学的决策技术做出决策的过程。

朴素的决策思想自古有之，但在落后的生产方式下，决策主要凭借个人的知识、智慧和经验。生产和科学技术的发展越来越要求决策者在瞬息万变的条件下对复杂的问题迅速做出决断，这就要求对不同类型的决策问题，有一套科学的决策原则、程序和相应的机构、方法。随着计算机技术的发展，决策分析的研究得到极大的促进，随之产生的计算机辅助决策支持系统，使许多问题可以在计算机的帮助下得以解决，在一定程度上代替了人们对一些常见问题的决策分析过程。

（二）决策的重要性

运输系统决策的重要性可以从决策实施后的效果以及这种效果影响的广度和深度来理解。新中国成立以来，我国的交通运输事业虽然有了很大的发展，但仍然不能适应经济和社会发展对运输的需求，交通运输已经逐渐成为制约国民经济发展的瓶颈。究其原因，是因为长期以来，我国在运输系统方面的错误决策造成的。在发展国民经济的指导思想上，往往是重生产、轻流通，重工业、轻交通，主要表现在：一是只看到工业特别是重工业眼前的、直接的经济效益，看不到或不重视交通运输业巨大的、长远的社会效益和间接的经济效益；二是对交通运输业的性质及其在国民经济和社会发展中的地位与作用缺乏深层次的理解，对交通运输是国民经济重要的基础结构必须适度先行认识不足，缺乏工业发展取决于交通运输承受能力的概念；三是对在物质生产、分配、流通、消费四大领域中，交通运输是再生产过程中的纽带和前提条件缺乏必要的认识，往往只把交通运输业作为一般的服务行业，没有充分认识到它的社会公益功能和宏观调控功能，致使工业部门越来越多，交通运输业承受的挤占也越来越多（特别是投资挤占）；四是对交通运输供给能力的认识存在很大的片面性，认为运输能力的弹性大，运力再紧张，只要挤一挤、压一压，也能挖掘出一些“潜力”，殊不知这种超负荷、拼设备、“吃老本”的做法，牺牲了运输业本身的效益和服务质量，为国民经济和社会的发展留下了很大的后患；五是片面强调铁路的作用，对其他运输方式在综合运输系统中应有的地位和作用认识不够客观和全面，导致运输业内部发展不平衡，综合运输效益差。

由于认识上的偏差，在投资政策上，对交通运输业的投资与整个国民经济、工业、能源投资之间的比例安排不当，造成投资结构的严重失调。在对运输业内部的投资政策上，又偏重于铁路，对其他运输方式重视不够。加之运输价格的不合理性，财政、税收、信贷政策的限制，燃油供应政策缺乏保证以及运输系统管理体制存在的种种弊端，使得我国的交通运输紧张，严重制约了国民经济和社会的发展，成为突出的薄弱环节之一。

此外，在交通运输投资决策上，不按科学规律办事，违反科学的决策程序，按长官意志行事，有些交通运输建设项目在论证不充分的情况下就匆匆上马，影响了运输投资效益的发挥，造成了运输建设项目的重大决策失误。

（三）决策的基本要素

决策分析的基本要素包括以下五个方面：

1. 决策者

决策者是指决策过程的主体，即决策人。一般来说，他是某一方面或某一部分人的利益代表者。决策者在决策过程中起着决定作用，由多方利益代表者构成的决策集体称为多人决策，或称这个集体为决策组、决策集团。

2. 方案

方案指的是决策过程中可供选择的行动方案或策略，方案可以是有限的，也可以是无限的。

3. 结局

结局是方案选择以后所造成的结果。如果没有不确定性，则只有一个结局，称为确定型决策；如选择方案后，结果存在不确定性，则存在多种结局。

4. 价值及效用

价值及效用是指对结局所做出的评价。在决策分析中，一般无风险下对结局的评价称为价值，可以用具体的益损值表征；在有风险的情况下，价值将随风险的大小有所改变，称为效用。

5. 偏好

偏好是指人们对各种方案、目标、风险的爱好倾向。可以定量表示偏好，也可以用排序的方式表示。

(四) 决策的步骤

决策程序是人们长期进行决策实践时的步骤，是人们长期进行决策实践的科学总结。如前所述，正确的决策不仅取决于决策者个人的素质、知识、才能、经验以及审时度势的能力，并且与认识和遵循决策的科学程序有着密切的关系。科学的决策程序一般包括以下四个基本步骤：

1. 提出问题，确定目标

提出问题是指提出必须解决的、将要发生的问题。决策者应能够根据经济与科学技术的发展，或依据先进经验，或从收集和整理的情报中发现差距。一个决策者如能站得高、看得远、统观全局，就能找出问题的关键所在。目标是决策的出发点和归宿，也是通过决策所要预期达到的技术经济成果。决策目标有技术上的目标，也有经济上的目标。例如，为提高运输企业经济效益而确定的目标就属于经济上的目标；研发先进的运输装备以提高运输能力就属于技术上的目标。目标的确定要考虑以下四点：

（1）目标的针对性

针对所要解决的问题，如是为了增加运量还是为了降低成本；针对决策人的职责范围，如降低成本问题，上级有上级的目标，下级有下级的目标，下级的目标要服从上级的目标。

（2）目标的准确性

目标要概念明确，时间、数量、条件等都要具体加以规定。这一方面是作为方案可行性的依据，另一方面是为了有可能对执行的结果进行检查。

（3）目标的先进性和可靠性

要建立一个必须经过人们艰苦努力才能够达到的目标，而不是建立一个轻易可达的目标，否则，就不能调动群众的积极性，就不能充分挖掘潜力。同时，要注意使目标有较大实现的可能性，注重实际，量力而行，不能是空想的、不可实现的。

（4）目标的相关性

一项决策可能涉及多项目标，这时要分清哪些是长期目标，哪些是近期目标；哪些是战略目标，哪些是战术目标；哪些是主要目标，哪些是次要目标；并且还要明确它们的衔接关系。对于主次目标，还必须确定一个优先顺序，使次要目标服从主要目标，以保证更主要目标的实现。

2. 调查研究，拟订可行方案

根据目标，拟订可行方案，这是决策的基础。研究提出的可行方案，要根据系统的内外部条件，采取专家和群众相结合的方法，群策群力，集思广益，不能靠少数几个人的苦思冥想；要善于启发，使人们解放思想；要重视“奇谈怪论”式的只言片语或“头脑风暴”式的敢想敢言。各个方案提出后，还要对每个方案进行充分的研究和可行性论证，要尽可能分析每一个方案的措施、组织、资源、人力、经费、时间等。通过论证，只有在技术上可行的方案才能够作为决策分析中待比较、选择的方案；而且，至少要有两个以上的可行方案可供选择。

3. 对方案进行评价和选择

评价方案，首先，要根据决策目标，制定一套评价标准；其次，要通过各种模型，对备选方案进行系统分析、综合评价，以便比较、选优；最后，在全面评价的基础上，最后选定行动方案。

4. 贯彻实施方案

目标是否明确、方案是否满意都有待在方案的贯彻执行中加以验证。决策方案确定后，要落实到有关责任部门和人员，制定实施决策的规划和期限，解决与实施决策有关的问题。为了将实际效果与预计效果相比较，要建立健全信息反馈渠道，及时收集决策方案实施过程中的有关资料，若发现与预计效果有差异，要有针对性地查明原因，并加以修正调整，以保证决策目标全部实现。

（五）决策的准则

科学的决策，就是在科学理论的指导下，通过科学的方法，做出有科学依据的决策，它必须遵循以下准则：

1. 信息准则

决策应以可靠的、高质量的信息为基础。

2. 预测准则

通过预测为决策提供有关未来的信息，使决策具有远见卓识。

3. 科学准则

用科学理论作为决策的指导，掌握决策对象发展变化的规律。

4. 系统准则

要考虑决策涉及的整个系统和相关系统，还应使系统同环境能彼此协调；决策的结果应让系统处于最佳状态，不能顾此失彼。

5. 可行准则

决策涉及系统的人力、物力、财力资源及技术水平等，要建立在可以办得到的基础上。

6. 选优准则

决策也是选优的结果，因此必须具有两个以上的方案，并根据一定价值观念和标准从中选定满意的或最佳方案。

7. 行动准则

决策都是要付诸实施的，有了决策，必然导致某种行动，并且要有行动的结果。

8. 反馈准则

决策不可能十全十美，应把实践中检验出的不足和变化了的信息及时反馈给决策者，以便据此做出相应调整。

（六）决策的分类

由于决策的内容广泛、层次复杂、方法多样，所以可以从不同角度对决策进行分类。

1. 按决策的重要性分类

可将决策分为战略决策、策略决策和执行决策。战略决策是涉及某组织发展和生存的、有关全局和长远的决策。如厂址的选择、新产品的开发方向、原料供应地的选择等。策略决策是为完成战略决策所规定的目的而进行的决策，如对一个企业来讲，产品规格的选择、工艺方案和设备的选择、厂区和车间内工艺路线的布置等。执行决策是根据策略决策的要求对执行行为方案的选择，如生产中产品合格标准的选择、日常生产调度的决策等。

2. 按决策的结构分类

可分为程序决策和非程序决策。程序决策是一种有章可循的决策，一般是可重复的。非程序决策一般是无章可循的、只能凭经验直觉做出应变的决策，一般是一次性的，由于决策的结构不同，解决问题的方式也不同。

3. 按定量和定性分类

可分为定量决策和定性决策。描述决策对象的指标都可以量化时称为定量决策，否则称为定性决策。

4. 按决策环境分类

可将决策问题分为确定型、风险型和不确定型三种。确定型决策是指决策环境是完全确定的，做出选择的结果也是确定的。风险型决策是指决策的环境不是完全确定的，而其发生的概率是已知的。不确定型决策是指决策者对将发生结果的概率一无所知，只能凭决策者的主观倾向进行决策。

5. 按决策过程的连续性分类

可分为单项决策和序贯决策。单项决策是指整个决策过程只做一次决策就得到结果。序贯决策是指整个决策过程由一系列决策组成。一般管理活动是由一系列决策组成的，但在一系列决策中往往是几个关键环节要做决策，可以把这些关键的决策分别看作单项决策。

（七）运输系统决策

所谓运输系统决策问题，就是在运输系统中与运输活动有关的决策问题。如运输经济决策、运输科技决策、运输发展决策，等等。从运输企业的长远发展方向来看，要不要增加新的投资、扩大运输规模，要不要引进新技术、新工艺、新设备；从运输企业的日常管理工作来看，运输价格应如何确定，运输设备何时更新以及如何更新等所有这些问题，都要求决策者能够做出合理、适时、科学、正确的决策。

二、确定型运输决策问题

（一）确定型决策的主要特征

确定型决策就是指能够确定计算出各方案的益损值，从中选出最优决策。确定型决策的主要特征是：①存在决策者希望达到的一个明确目标（收益最大或损失最小）；②存在一个确定的自然状态；③存在可供决策者选择的两个或两个以上的行动方案；④不同的行动方案在确定状态下的效益值（或损失值）可以计算出来。

（二）确定型决策的方法

确定型决策问题看起来似乎很简单，但在实际工作中往往是很复杂的，因为可供选择的方案是很多的，仅仅通过直观比较难以确定最优方案。例如有A个产地B个销地的运输问题，当A、B较大时，运输方案就很多，这时要确定一个运输费用最低的合理运输方案，就必须用线性规划的方法才能解决。对于确定型的决策问题，要用运筹学的其他分支和另外的一些数学方法，同时还要借助电子计算机才能更好地解决。常用的决策方法有线性规划、非线性规划、动态规划、目标规划、整数规划、投入产出数学模型、确定型库存模型等。另外，决策者面对要决策的问题要达到多目标的情况也很多，这时可用多目标规划来解决。

三、不确定型运输决策问题

（一）悲观准则

悲观准则又称极大极小决策标准。当决策者对决策问题不明确时，唯恐由于决策失误带来的损失，因而，在做决策时小心谨慎，总是抱着悲观的态度，从最坏的结果中争取最好的结果。

决策步骤：

（1）编制决策效益表；

（2）从每一个方案中选择一个最小的效益值；

（3）在这些最小的收益值对应的决策方案中选择一个效益值最大的方案为备选方案。

（二）乐观准则

乐观准则又称极大决策标准，主要特征是实现方案选择的乐观原则。进行决策时，决策者不放弃任何一个获得好结果的机会，争取大中取大，充满乐观冒险精神。

决策步骤：

（1）编制决策效益值表；

（2）从每一个方案中选择一个最大的收益值；

（3）在这些最大的收益值对应的决策方案中选择一个收益值最大的方案为备选方案。

（三）折中准则

乐观准则和悲观准则都过于极端，折中准则是介于二者之间的一个决策标准。在进行决策的时候，要求决策者确定一个系数：折中系数，$\alpha(\alpha \in [0, 1])$。$\alpha \to 0$ 说明决策者接近悲观；$\alpha \to 1$ 说明决策者接近乐观。

决策步骤：

（1）编制决策益损表；

（2）计算每个方案折中决策标准收益值，即：

$$d_i = \alpha \max_j c_{ij} + (1-\alpha) \min_j c_{ij};$$

（3）选择最大的折中收益值对应的方案为备选方案，即：

$$d^* = \max_i \{d_i\}\ (i = 1,\ 2,\ \cdots,\ m)。$$

当 $\alpha = 1$ 时，为乐观（极大极大）准则；当 $\alpha = 0$ 时，为悲观（极大极小）准则。

（四）遗憾准则

遗憾准则是一种使遗憾值最小的准则。所谓遗憾值是指决策者在某种自然状态下本应选择收益最大的方案时却选择了其他方案而造成的机会损失值。该准则要求决策者首先计算各方案在不同状态下的遗憾值，再分别找出各方案的最大遗憾值，最后在这些最大遗憾值中找出最小者对应的方案，即将最小的最大遗憾值对应的方案作为最优决策方案。

决策步骤：

（1）编制决策益损表；

（2）用每个状态下的最大收益值减去其他方案的收益值，得出每个方案的遗憾值，$Q_{ij} = \max_i \{c_{ij}\} - c_{ij}$；

（3）找出每个方案的最大遗憾值，$d_i = \max_j \{Q_{ij}\}$；

（4）从每个方案的最大遗憾值中找出最小的遗憾值对应的方案为备选方案，$d^* = \min_i \{d_i\}\ (i = 1,\ 2,\ \cdots,\ m)$。

（五）等可能准则

等可能准则又叫拉普拉斯（Laplace）决策准则。其主导思想是决策人把状态发生的概率都取成等可能值，如果有以 $n(n=1,\ 2,\ 3\cdots)$ 个自然状态，则每一个自然状态出现的概率为 $1/n$，因此该准则也称等可能准则。然后按风险型决策问题的期望值法进行决策。

决策步骤：

（1）编制决策益损表；

（2）计算每个方案在不同情况下的期望益损值，$G_i = \dfrac{\sum_{j=1}^{n} C_{ij}}{n}$；

（3）选最大的期望益损值 $\max[G_i]$ 对应的方案为最优方案。

四、风险型运输决策问题

（一）决策树法

决策树法是以图解的方式分别计算各方案在不同自然状态下的益损值，通过对每种方案益损期望值的比较做出决策。

1. 决策树的结构

决策树法是利用树形结构图辅助进行决策的一种方法，这种方法是把各种备选方案、可能出现的状态以及决策产生的后果，按照逻辑关系画成一个树形图，在树形图上完成对各种方案的计算、分析和选择。决策树由四个部分组成：

（1）决策节点

在决策树中用“□”代表，表示决策者要在此处进行决策。从它引出的每一个分枝，都代表决策者可能选取的一个策略（又称方案枝）。

（2）事件节点

在决策树中用“○”代表，从它引出的分枝代表其后继状态，分枝上括号内的数字表明该状态发生的概率（又称概率枝）。

（3）结果节点

在决策树中用“△”表示，它表示决策问题在某种可能情况下的结果，它旁边的数字是这种情况下的益损值（又称末梢）。

（4）分枝

在决策树中用连接两个节点的线段，根据分枝所处的位置不同，又可以分成方案枝和状态枝。连接决策节点和事件节点的分枝称为方案枝；连接事件节点和结果节点的分枝称为状态枝。

2. 决策树法的决策步骤

（1）画决策树

画决策树的过程就是拟订各种方案的过程，也是进行状态分析和预估方案结果的过程。因此，首先要对决策问题的发展趋向步步深入地进行分析，然后按决策树的结构规范由左向右逐步画出决策树。

（2）计算各方案的期望值

按期望值的计算方法，从图的右边向左逐步进行，并将结果表示在方案节点的上方。

（3）剪枝选择方案

比较各方案的期望值，选取期望收益最大或期望损失最小的方案为最佳方案。将最佳方案的期望值写在决策点的上方，并在其余方案枝上进行剪枝，表示舍弃该方案。

风险型决策问题与不确定型决策问题的本质区别在于：前者利用自然状态出现的概率分布，以期望收益值最大为决策目标，所得到的结果比较能够符合客观情况；而后者则是对未来的自然状态一无所知，其决策受主观意识的影响很大，带有一定的盲目性。

在风险型决策问题中，确定未来状态出现的概率是非常重要的。各种自然状态出现的概率可以用统计资料、实验结果得出，但大多数情况下要凭经验、知识甚至是预感对未来的情况进行估计，这样得出的概率值称为主观概率。对同一事件，不同的人做出的主观概率的估计是不同的，因此，所得出的决策结果也是不同的。对于不确定型决策，只要决策者对未来状态出现的可能性不是全然不知，就总可以做出一些估计，因而即可转化成风险型决策问题。

（二）最大可能法

最大可能准则的基本思想是将风险型决策问题转化为确定型决策问题。风险型决策问题中，每种自然状态的发生都有一个概率值，某种状态发生的概率越大，说明该状态发生的可能性越大。基于这种想法，在风险型决策中，若某种状态出现的概率远比其他状态大得多的时候，就可以忽略其他状态，而只考虑概率特别大的这一种状态。这样，风险型决策问题就转变成确定型决策问题。

最大可能法要求决策者首先找出概率明显最大的自然状态，然后在这一状态下选取收益最大的方案为最优决策方案。

决策步骤：

（1）编制决策效益值表；

（2）确定明显最大的概率所对应的自然状态，即：

$$p(s_t) = \max_j\{p(s_j)\}\ (j = 1,\ 2,\ \cdots,\ n);$$

（3）在选定的自然状态下，选取收益值最大的方案为最优方案，即：

$$d^* = \max_i\{C_{il}\}\ (i = 1,\ 2,\ \cdots,\ m)。$$

用最大可能法对风险型问题进行决策比较方便，但这种方法的适用范围是有限的。一般来说，在一组自然状态中，当其中某个自然状态出现的概率比其他状态出现的概率大得多，而它们相应的益损值相差不是很大时，用这种方法进行决策能得到较好的效果。相反，如果有一种方案各状态下的益损值相差较大，而概率却相差无几，或因状态很多而概率值都很小，这时则不宜采用该准则。

（三）期望值准则法

1. 益损期望值

在风险型决策问题中，未来出现哪种状态是不确定的，是一个随机事件，每一种可行方案能获得的收益（或损失）也是个随机事件，但获得某个收益（或损失）的概率是知道的。因此，每一可行方案对应益损值的数学期望值为：

$$E(A_i) = \sum_{j=1}^{n} F_j C_{ij}$$

式中：$E(A_i)$ ——第 i 个可行方案的益损期望值；

A_i ——第 i 个可行方案；

F_j ——出现自然状态的概率；

C_{ij} ——可行方案，在自然状态下的益损值。

在所有方案中，收益期望值最大或损失期望值最小的方案就是最优方案。

最大的益损期望值是平均意义下的最大收益。因此期望值准则适用于状态概率稳定的重复性决策，而对一次性决策则要冒一定风险。

将期望值准则与不确定型决策中的等可能准则进行比较。在等可能准则中，假设各种自然状态出现的概率相同，即 $F_1 = F_2 = F_3 = F_4$。

因此：

$$F_1 + F_2 + F_3 + F_4 = 1$$

所以：

$$F_1 = F_2 = F_3 = F_4 = 1/4$$

$$E(i) = \sum_{j=1}^{n} F_j C_{ij} = \frac{\sum_{j=1}^{n} C_{ij}}{n} = G_i$$

每个可行方案益损值的期望 $E(A_i)$ 就是平均值 G_i 。可见，等可能准则是期望值准则的特例，它假设了各个自然状态出现的概率相等。

2. 后悔值期望值

决策者制定决策后，若现实情况未能符合理想，将有后悔的感觉。每一种自然状态下总有一个方案可以达到最好的情况或取得最优值，如果选择其他方案其结果将达不到最优值，每种状态下各方案均有后悔值。在应用期望值准则时，除计算可行方案的益损值外，还可以根据各方案的后悔值计算后悔值期望值。从后悔值期望值中选取最小值，相应的方案即为最优方案。该准则只适用于矩阵决策问题。

第二节　交通运输决策支持系统

一、决策支持系统基础理论

（一）决策支持系统基本概念

决策支持系统（Decision Support System，DSS）是辅助决策者通过数据、模型和知识，以人机交互方式进行半结构化或非结构化决策的计算机应用系统。决策支持系统是在管理信息系统（Management Information System，MIS）和运筹学的基础上发展起来的新型计算机学科，以数据仓库和在线分析处理（OnLine Analytical Processing，OLAP）相结合建立的辅助决策系统是决策支持系统的新形式。数据仓库、OLAP 和数据挖掘技术的结合产生了商业智能系统，它为决策者提供分析问题、建立模型、模拟决策过程和方案的环境，调用各种信息资源和分析工具，帮助决策者提高决策水平和质量。

决策支持系统协助组织的管理者规划与解决各种行动方案，常用试验的方式进行。通常以交谈式的方法来解决半结构性或非结构性的问题，帮助管理者做出独特、改变快速且事先不易确定的决策，强调的是支持而非替代人类进行决策。

决策支持系统在设计上比其他信息系统更具有分析能力，其分析的数据来源为交易处理系统或管理信息系统所提供的组织内部信息，但有时也需要外部数据来源，如股价或竞争者的产品价格，并透过其内建的许多模型来分析数据或把大量数据汇整成可供决策者分析的形式。它多以友好的界面与使用者交谈，让使用者可方便地更改假设、提出新问题或接收新资料。

（二）决策支持系统的功能及特征

决策支持系统是信息系统的高级发展阶段，即将数据处理的基本功能与各种模拟决策工具结合起来，帮助管理者进行分析、策划的系统。具体功能如下：

第一，收集、管理并随时提供与决策问题有关的组织内部信息，如订单要求、库存状况、生产能力与财务报表等；

第二，收集、管理并提供与决策问题有关的组织外部信息，如政策法规、经济统计、技术发展趋势、市场动态、竞争对手行动等；

第三，收集、管理并提供各项决策方案、执行情况及反馈信息，如订单履行进度、生产计划完成情况等；

第四，以一定的方式存储和管理与决策问题有关的各种数据模型，如定价模型、库存控制与生产调度模型等；

第五，存储并提供常用的数学方法及算法，如最短路径算法、回归分析方法、线性规划、特卡洛方法等；

第六，自动对数据进行加工、汇总、分析、预测，并得出综合信息报告；

第七，对上述数据、模型与方法的维护，如数据模式的变更、方法的修改等；

第八，能灵活地运用模型与方法对数据进行加工、汇总、分析、预测，得出所需的综合信息与预测信息；

第九，提供友好的人机界面和数据通信功能，方便使用者修改、处理和传输上述数据、模型与决策结果；

第十，及时将加工结果传送给使用者。

DSS 的基本特征可以分为以下七个方面：①面向结构化程度不高的问题，如上层管理人员经常面临的决策机制表达不够充分的问题；②以模型或分析技术为核心，传统的 MIS 以数据存取技术及检索技术为基础；③供非计算机专业人员使用，以交互会话的方式操作 DSS；④能适应环境及用户决策方法经常改变的要求；⑤支持但不是代替高层决策者制定决策；⑥把建模技术或分析技术与传统的数据存取技术及检索技术有机地结合起来；⑦跟踪和适应人的决策过程，而不是要求人去适应系统。

（三）决策支持系统的分类

长期以来，信息系统的研究者以及技术人员不断研究和构建决策支持系统，使得决策支持系统得到突飞猛进的发展，在许多行业和领域得到应用。随着在理论和实际两个方面的发展进化，决策支持系统已经有许多成熟的类型。

DSS 按照其系统结构可大致分为两类：一类是以数据库、模型库、方法库、知识库及对话管理等子系统为基本部件的多库系统结构；另一类是以自然语言、问题处理、知识库等子系统为基本部件构成的系统结构。

按照内部结构的驱动方式，决策支持系统可分为以下四类：

1. 通信驱动的 DSS

通信驱动 DSS 强调通信、协作以及共享决策支持，能够使两个或者更多的人互相通信，共享信息，并协调他们的行为。

2. 数据驱动的 DSS

数据驱动的 DSS 通过查询和检索数据库提供了辅助决策的功能——结合了联机分析处

理的数据驱动DSS提供最高级的功能和决策支持，并且此类决策支持是基于大规模历史数据分析的主管信息系统（EIS）以及地理信息系统属于专用的数据驱动DSS。

3. 模型驱动的DSS

模型驱动的DSS强调对于模型的访问和操纵，比如统计模型、金融模型、优化模型及仿真模型等，利用决策者提供的数据和参数来辅助决策者对于某种状况进行分析。

4. 知识驱动的DSS

知识驱动的DSS可以就采取何种行动向管理者提出建议或推荐这类DSS是具有解决问题的专门知识的人机系统。“专门知识”包括理解特定领域问题的“知识”以及解决这些问题的“技能”。构建知识驱动的DSS的工具有时也称为智能决策支持方法。

（四）决策支持系统的组成

完整的DSS系统模式可以表示为DSS本身以及它与“真实系统”、人和外部环境的关系。决策者处于核心位置，他运用自己的知识把他和DSS的响应输出结合起来进行决策。由于DSS使用者面临的决策的规则与步骤不完全确定，决策过程难以明晰表达，且决策者的素质、解决问题的风格、所采用的方法都有较大差异，使得DSS的模式应具有较高的柔性，更多地强调决策者的主观能动性。

1. 对话子系统

对话子系统是决策支持系统与用户之间的交互界面。它提供形式多样的显示和对话形式、输入/输出转换，控制决策支持运行。

2. 数据库子系统

数据库子系统包括数据库管理系统和数据库。数据库用来存储大量数据，它由数据库管理系统来管理和维护。

3. 模型库子系统

模型库子系统包括模型库管理系统和模型库。模型库用来存放模型，模型以计算机程序形式显示。模型库是DSS的核心部分，它是DSS中最复杂、最难实现的部分，DSS用户是依靠模型库中的模型进行决策的。

由以上可以看出，DSS的关键技术有：

第一，模型库系统的设计和实现。它包括模型库的组织结构、模型库管理系统的功能、模型库语言等方面的设计和实现。

第二，部件接口。各部件之间的联系是通过接口完成的，部件接口包括对数据部件的数据存取、对模型部件的模型调用和运行、对知识部件的知识推理。

第三，系统综合集成。根据实际决策问题的要求，通过集成语言完成对各部件的有机综合，形成一个完整的系统。

（五）决策支持系统的发展

一般来说，决策支持系统是以计算机为基础的完成信息收集、信息整理、信息处理、信息提供的人机交互系统。它利用计算机运算速度快、存储容量大等特点，应用决策理论方法、心理学、人工智能、计算机网络、数据库等技术，根据决策者的决策思维方式，从系统分析角度为决策者或决策分析人员创建一种良好的决策分析环境。在此环境下，决策者和决策分析人员可以充分利用自己的经验知识，同时在系统的引导下获取有效的信息，详细了解和分析决策过程中的各主要因素及其影响，激发思维创造力，从而在决策支持系统的帮助下逐步深入地透视问题，最终有效地做出决策，即通过决策者与计算机的相互对话完成最终决策。简言之，决策支持系统不仅在内容上能对决策者提供帮助，而且也能在整体决策过程中对决策者的问题识别、分析提供支持，帮助决策者提高决策的科学化程度。

二、决策支持系统典型技术

决策支持系统的典型技术包括专家系统、人工神经网络、数据仓库和联机分析处理、遗传算法、群决策支持系统和综合决策支持系统等。

（一）专家系统

专家系统（Expert System，ES）是一个具有大量专门知识与经验的计算机信息系统，可以视为一个知识渊博的助手。专家系统应用人工智能技术，根据人类专家提供的特殊领域知识、实践经验进行推理和判断，模拟人类专家做出决定，解决需要专家才能解决的复杂问题。

专家系统以清晰可读的类自然语言方式表达无法用数学模型精确表达的专家知识，能在特定领域内模仿专家工作，处理非常复杂的情况，弥补组织中专家资源的不足，增加解决问题的质量和持续性。在已知其基本规则的情况下，无须输入大量细节数据即可运行。

专家系统在结构上增设了知识库、推理机与问题处理系统，人机对话部分还加入了自然语言处理功能。专家系统的任务类型包括解释、预测、诊断、计划编制、设计、处方、监控、控制和指导等。要成功地设计一个专家系统，最重要的可能是选择专家或专家群体，但专家系统知识获取困难，有时很难找到合适的、能够清楚表达领域知识的专家，对于动态和复杂的系统，其推理规则是固定的，难以适应变化的情况。

（二）人工神经网络

人工神经网络（Artificial Neural Network，ANN）是对人脑或自然神经网络若干基本特性的抽象和模拟，作为一种模拟人脑认知学习过程的尝试，于20世纪40年代由芝加哥大学首次提出。在过去十几年中，ANN以其建立复杂模型的强大能力在商务、金融等众多领域得到了相当多的应用。人工神经网络的特点如下：

第一，可以充分逼近任意复杂的非线性关系；

第二，所有定量或定性的信息都等势分布储存于网络内的各神经元，故有很强的健壮性和容错性；

第三，采用并行分布处理方法，使得快速进行大量运算成为可能；

第四，可学习和自适应不知道或不确定的系统；

第五，能够同时处理定量、定性知识。

神经计算带来的最明显的收益之一就是能够获得推论性的知识，这是其他所有基于知识的科学技术都不能提供的。人工神经网络的特点和优越性，主要表现在三个方面：

①具有自学习功能。例如实现图像识别时，只要先把许多不同的图像样板和对应的识别结果输入人工神经网络，网络就会通过自学习功能，慢慢学会识别类似的图像。自学习功能对于预测有特别重要的意义。

②具有联想存储功能。用人工神经网络的反馈网络就可以实现这种联想。

③具有高速寻找优化解的能力。寻找一个复杂问题的优化解，往往需要很大的计算量，利用一个针对某问题设计的反馈型人工神经网络，发挥计算机的高速运算能力，可能很快找到优化解。

（三）数据仓库和联机分析处理

数据仓库和联机分析处理（On-Line Analysis Processing，OLAP）是20世纪90年代初提出的概念，到90年代中期已经形成潮流。数据仓库将大量用于事务处理的传统数据库进行清理、抽取和转换，并按决策主体的需要进行重新组织。数据仓库的逻辑结构可分为近期基本数据层、历史数据层和综合数据层（其中综合数据是为决策服务的）。数据仓库的物理结构一般采用星形结构的关系数据库。星形结构由事实表和维表组成，多个维表之间形成多维数据结构。星形结构的数据体现了空间的多维立方体，这种高度集中的数据为各种不同决策需求提供了有用的分析基础。

随着数据仓库的发展，OLAP也得到了迅猛的发展。数据仓库侧重于存储和管理面向决策主题的数据；而 OLAP 则侧重于数据仓库中数据的分析，并将其转换成辅助决策信息。OLAP 的一个重要特点是多维数据分析，这与数据仓库的多维数据组织正好形成相互结合、相互补充的关系。

以数据仓库和 OLAP 相结合建立的辅助决策系统是决策支持系统的新形势，更好地促进了决策支持系统的发展。

（四）遗传算法

与人工神经网络的理论基础相似，遗传算法（Genetic Algorithm，GA）也是基于生物学理论的。ANN 的根基是神经系统科学，而 GA 不同，它植根于达尔文“自然选择和适应”的进化论。

遗传算法是一项非常简洁，但是功能强大的优化技术。它源自遗传学和自然选择理论。GA 的本质是一系列模拟“适者生存”概念的适应过程，具体说就是根据计算出的网络猜测值和要求的方案状态之间的差异，对计算法则进行不断的重组。

在遗传算法中，双亲配对产生后代之后，由于基因的不同组合方式，必然有后代结合了双亲的最优特质，通过代代的繁衍，这种适应能力不断得到加强，也就是针对问题得到了更好的解决方案。遗传算法相较于神经网络的最大优势在于它可以根据行为准则进行各种复杂类型的组合。

遗传算法以群体中的所有个体为操作对象，每个个体对应研究问题的一个解。选择、交叉和变异是遗传算法的三个主要操作算子，包括编码、初始群体生成、适应度评估、选择、交叉和变异六个基本要素。

（五）群决策支持系统

群决策支持系统（Group Decision Support System，GDSS）是一种基于计算机的交互式系统，它通过辅助一群决策者的群决策过程，来解决特定领域的半结构化或非结构化问题。群决策支持系统最关键的特征就是它以帮助多人参与的决策为目标。典型的 GDSS 由硬件资源、软件资源和决策者三部分组成。其中，硬件资源是指各决策者独立使用的工作站（或终端）、共享使用的外部数据库、模型库及 I/O 设备等硬件资源，还包括整个 GDSS 基于的通信网络；软件资源包括在各决策者的工作站（或终端）上运行的决策支持软件、支撑 GDSS 的底层软件（如 DBMS、MBMS）及网络软件；决策者不仅包括参与决策的人员，还包括决策过程的协调人员。

（六）综合决策支持系统

以模型库为主体的决策支持系统已经发展了十几年，它对计算机辅助决策起到了很大的推动作用。数据仓库和OLAP新技术为决策支持系统开辟了新途径。数据仓库与OLAP都是数据驱动的这些新技术和传统的模型库对决策的支持是两种不同的形式，它们可以相互补充。在OLAP中加入模型库，将会极大提高OLAP的分析能力。

20世纪90年代中期，从人工智能、机器学习中发展起来的数据开采，是从数据库、数据仓库中挖掘有用的知识，其知识的形式有产生式规则、决策树、数据集、公式等。对知识进行推理即形成智能模型，它是以定性分析方式辅助决策的。数据开采的方法和技术包括决策树方法、神经网络方法、覆盖正例排斥反例方法、粗集方法、概念树方法、遗传算法、公式发现、统计分析方法、模糊论方法、可视化技术等。

把数据仓库、OLAP、数据开采、模型库结合起来形成的综合决策支持系统（Compound Decision Support System，CDSS），是更高级形式的决策支持系统。它们彼此相互补充、相互依赖，发挥各自的辅助决策优势，以实现更有效的辅助决策。

综合体系结构包括三个主体：第一个主体是模型库系统和数据库系统的结合，它是决策支持的基础，为决策问题提供定量分析（模型计算）的辅助决策信息；第二个主体是数据仓库与OLAP的结合，它从数据仓库中提取综合数据和信息，这些数据和信息反映了大量数据的内在本质；第三个主体是专家系统和数据开采的结合，数据开采从数据库和数据仓库中挖掘知识，并将其放入专家系统的知识库中，由进行知识推理的专家系统定性分析辅助决策。

综合体系结构的三个主体既相互补充又相互结合。可以根据实际问题的规模和复杂程度决定是采用单个主体辅助决策，还是采用两个或三个主体相互结合的辅助决策。利用第一个主体的辅助决策系统就是传统意义下的决策支持系统，利用第一个主体和第三个主体相结合的辅助决策系统就是智能决策支持系统，利用第二个主体的辅助决策系统就是新的决策支持系统。在OLAP中利用模型库的有关模型，可以提高OLAP的数据分析能力；将三个主体结合起来，即利用“问题综合和交互系统”部件集成形成的综合决策支持系统是一种更高形式的辅助决策系统，其辅助决策能力将上一个新台阶。由于这种形式的决策支持系统包含了众多的关键技术，研制过程中将要克服很多困难，这也是今后努力的方向。

三、运输决策支持系统

决策支持系统概念提出的20多年来，随着决策理论、信息技术、数据库技术、办公自动化、专家系统等相关技术的发展，取得了长足的进展，在许多领域得到应用，已成为许多行业经营管理中一个不可缺少的现代化支持工具。

Excel内置许多数学模型，对于日常的管理工作非常有用处。Excel部分数学模型有：

①方差分析。包括单因素方差分析、重复的双因素方差分析和无重复的双因素方差分析。②相关系数和协方差。是描述两个测量值变量之间的离散程度的指标。③描述统计。用于生成数据源区域中数据的单变量统计分析报表，提供有关数据趋中性和易变性的信息。④指数平滑。基于前期预测值导出相应的新预测值，并修正前期预测值的误差。⑤F-检验双样本方差。对两个样本总体的方差进行比较。⑥直方图。可计算数据单元格区域和数据接收区间的单个和累积频率，此工具可用于统计数据集中某个数值出现的次数。⑦移动平均。可以基于特定的过去某段时期中变量的平均值，对未来值进行预测，提供了由所有历史数据的简单的平均值所代表的趋势信息，可以预测销售量、库存或其他趋势。⑧随机数发生器。可用几个分布中的一个产生的独立随机数来填充某个区域，可以通过概率分布来表示总体中的主体特征。⑨排位与百分比排位。可以产生一个数据表，在其中包含数据集中各个数值的顺序排位和百分比排位，用来分析数据集中各数值间的相对位置关系。⑩其他还有如回归分析、抽样分析、傅里叶分析、z-检验，等等。

第三章　交通运输市场

第一节　交通运输枢纽

一、城市型综合运输枢纽的内涵及规划理念

（一）研究背景、目的、意义

构建一体化、协调发展、整体最优的综合运输体系，是我国交通运输未来的发展方向和目标。其中协调主要是强调各种运输方式在运输通道中发挥各自的比较优势，实现技术和经济的互补性；一体化是强调交通运输网络的衔接，以达到客运的“零换乘”和货运的“无缝衔接”，这正是运输枢纽的功能所在。由此可见，综合运输枢纽是综合运输体系的重要组成部分，其衔接优化是实现综合运输体系整体最优的关键所在。

综合运输枢纽在整个交通运输体系中具有如此重要的作用，许多学者和研究人员对其含义、内容等进行了大量的研究。

从理论研究和实践中都可以看出，随着综合运输的发展，交通运输枢纽，尤其是综合运输枢纽的含义也有了新的发展，不再仅仅指具体的枢纽场站，更多的是指一个枢纽城市。这种新发展使得不管是理论上还是在实践中都需要进行进一步的研究。在理论上，一个城市作为综合运输枢纽的相关理论体系没有完全建立，包括其含义和范畴内容等方面，在实践中，对所确定的综合运输枢纽城市进行进一步规划时，没有相应的理论支撑，不同的研究单位和个人对其具体所包含的内容却比较含糊，相互之间没有统一的认识，在规划内容和应用理论方法等方面都差别很大。因此，在这方面亟待在前人研究的基础上，进一步完善补充。一方面是在理论上进一步完善综合运输枢纽理论体系，尤其是综合运输枢纽的内涵和内容范畴；另一方面是在理论完善的基础上，力求理论指导实践，能够在对综合运输枢纽城市的规划实践中有所指导，尤其是在规范综合运输枢纽规划内容体系方面。

（二）城市型综合运输枢纽的内涵

综合运输枢纽城市是指由于地理、交通区位等因素，位于综合运输网的重要交会点，有广大的吸引和辐射范围，对区域内交通运输的衔接顺畅和高效运行具有全局性和重要影响的城市，是从交通运输的角度定位一个城市在综合运输体系中的地位和作用。综合运输枢纽城市中有许多要素共同作用，形成一个系统，发挥着运输枢纽的功能，城市中这些所有构成要素形成的系统可以称为城市型综合运输枢纽。

城市型综合运输枢纽可以说是在原来传统意义具体枢纽场站基础上的继承和发展。所谓的继承主要体现在城市型综合运输枢纽在本质上仍然是一个运输枢纽，在功能方面基本没有什么本质的变化，主要是在综合运输体系中起客货运输的集散、中转、换乘、换装和过境等功能。所谓的发展是指由原来的一个点，即一个具体枢纽场站，扩展到一个面，即一个城市，该城市内所有与实现运输枢纽功能有关的组成要素的统称，变成一个抽象的概念。

城市型综合运输枢纽从具体的基础设施上升为宏观的、抽象的概念的这种发展变化，使得其在内容范畴方面也有了较大的拓展，不能简单地理解为综合运输枢纽的一种类型。

首先，在运输枢纽服务范围方面，城市内部不但成为其集散的范围，而且是其最重要的组成部分。这样，城市型综合运输枢纽的集散包括对城市内部客货的集散和城市以外区域内的客货集散两部分。但一个城市的交通运输体系非常庞大和复杂，城市型综合运输枢纽不是城市内所有交通运输系统。从城市型综合运输枢纽的功能就可以看出，其城市内部的交通不是综合运输枢纽的范畴，只有与中转、集散、过境等有关的交通运输才是城市型综合运输枢纽的内容范畴。

其次，这个面的内部有自己的交通运输，即城市交通，这使得运输枢纽衔接协调的内容不仅仅局限于大交通运输内部的衔接协调，而且增加了新的内容：大交通与城市交通的协调衔接。另外，由于城市交通自身越来越复杂，拥堵越来越严重，这在引起大家对城市型综合运输枢纽的认识和重视的同时，也对城市型综合运输枢纽在发挥其功能时提出了新要求：有利于城市交通组织，尽量减少对城市交通的影响，缓解城市交通压力。具体来说，大交通运输内部的衔接，由于所涉及的客货运输的起点和终点都不在城市市区内，与城市交通无关，在交通运输组织时，处理的原则主要是与城市交通剥离，尽量减少对城市交通的影响；大交通运输与城市交通之间的衔接，客货运输其中的起点或者终点有一方在城市内部，在处理的原则上主要是衔接通畅。

因此城市型综合运输枢纽需要解决的问题是在该城市范围内，使各种运输方式及城市交通在物理和逻辑上进行良好协调和无缝衔接，在尽量减少对城市交通影响的前提下，使客货集散、中转、过境等流畅，提高综合运输网络的运输能力。

（三）城市型综合运输枢纽的构成要素

从城市型综合运输枢纽的内涵和涉及的交通运输组织形式可以看出，城市型综合运输枢纽既不是原来所说的多种运输场站、运输设备构成的综合体，更不是指整个城市内所有交通运输构成要素的组合，而是指与发挥综合运输枢纽客流和货流中转、换乘、换装与集散等功能相关的基础设施设备、信息系统、组织管理机构等要素组成的系统。

城市型综合运输枢纽功能的实现需要以基础设施的一体化为基础，以信息的一体化为支撑，以协调的运输管理政策为保障，以统一的管理体制或良好的协调机制为前提，涉及交通运输基础设施、信息和管理体制三方面。信息之间的衔接可以通过建立统一的交通信息平台等手段来实现；管理体制，可以通过成立大交通运输管理委员会等措施进行统一协调和管理；最复杂的是交通基础设施的有效衔接。

（四）城市型综合运输枢纽基础设施规划要求和理念

城市型综合运输枢纽的要求（也可以说是追求的目标）是各种运输相互衔接流畅、一体化，并且尽可能小地影响城市交通。由于同种组织形式下不同类型的交通运输衔接也具有不同的含义，所以需要对不同类型的交通运输衔接及其不同类型的组织形式分别阐述具体要求和相应的规划设计理念。

1. 直接运输组织形式

大交通与城市交通衔接的直接运输组织形式，即汽车利用公路和城市道路直接进行“门到门”服务和私人小汽车对外出行，因为主要涉及公路和城市道路及相互衔接，要想达到运输衔接流畅并对城市交通影响小的目标，首先要求对外公路与城市道路有良好的物理连接，即通过路口或立交，这一点往往比较容易达到，但是需要注意的是与对外公路衔接的城市道路应该是城市的主干道，而不是支路等，并且应该不仅仅是一条城市道路。因为要想保持良好的交通流，仅仅物理上的连接是不够的，更重要的是在通行能力上的匹配。只有与对外公路衔接的所有城市道路的通行能力之和与对外公路的通行能力相匹配，在相互衔接处才不会产生交通拥堵的情况，交通流比较流畅。需要注意的是城市道路的通行能力是有效通行能力，因为城市道路本身要承担城市内部的交通，并不是所有通行能力都来承担对外集散运输的交通，所以有效通行能力指总通行能力减去所要承担的城市内部交通流量的剩余能力。因为不管城市交通还是对外干线交通都有时间上的不均匀性，如城市交通的早晚高峰的特点等，因此还要考虑时间的不均匀性，只有这样才能使衔接真正流畅。

大交通运输内部衔接的直接运输组织形式，因为是不在本市停留，所以往往把这部分交通运输剥离出来，利用过境公路、过境铁路、绕城高速公路等形式达到分离的目的，进而不影响或少影响城市交通。这里存在两方面的问题，一方面是采取什么样的形式进行交通组织，另一方面是如何引导交通达到预期目的。对于前一问题，过境交通目前在中小城市往往利用城市道路过境，随着城市发展和扩大就必须修建干线公路的过境线，大部分城市都在考虑修建环城线过境。修建城市环城线既有优点也存在着不足，优点是能减轻城市中心的交通压力，有利于沿线土地开发，同时由于环线与城市接触带长，有利于互通的设置，给城市出入境带来方便。不足是容易吸引当地绕行交通，给过境交通带来不便，若是采用高速公路过境，全封闭环线对城市发展有一定的影响。因此，对过境公路的路线方案应进行综合分析，既要因地制宜，远近结合，又要兼顾过境与出入境交通，通过比较来确定路线方案。确定交通组织形式后，接下来的问题就是如何引导交通，达到预期目的。往往独立的过境线路在距离上较长或者线路条件差等，交通运输运营主体（驾驶员）不愿意选择这些线路，所以需要在线路条件方面进行改善或者通过交通管制、经济等手段引导交通运输运营主体选择这些线路。

2. 场站中转组织形式

对于场站中转的组织形式，由于两种交通运输衔接的共同点使得共同使用同一个交通运输场站。但也正是因为共同使用同一交通运输场站，两种交通运输衔接的不同性质导致要求上的双重性：与城市本身有关的交通运输要求场站与城市交通密切衔接；与城市本身无关的交通运输要求以不同运输方式为主的场站之间，如火车站与汽车站之间，进行有效衔接，并且它们之间的交通运输尽量少影响城市交通。

（1）客运场站、货运场站的差异点

由于客运场站和货运场站往往是分开的，客运与货运在运营组织上也有较大差别，在衔接方面的要求也不一样，现分别进行描述。

①客运场站

在与城市交通衔接方面，不管是机场，还是火车客运站，抑或公路长途客运站，都要求与城市公交具有良好的衔接，最好是立体换乘，实现真正的“零距离换乘”。另外，衔接时还要注意两方面问题，一是注意能力匹配，如火车站所衔接的干线铁路与城市轨道、公交能力匹配，因为相对货物运输来说，旅客具有很强的时效性，城市公交具有良好的疏散能力，能够很快地疏散到发旅客，不能滞留在站内；二是注意衔接方式的经济性，尤其在机场与市区的衔接，不能主要依靠高速公路为主要衔接方式，以小汽车作为主要集散方式，而应该主要依靠更为经济、准时的公共交通（最好是快速公交、轨道交通等）。

大交通运输的内部衔接往往涉及各场站之间的衔接，不管是同种场站不同场站之间

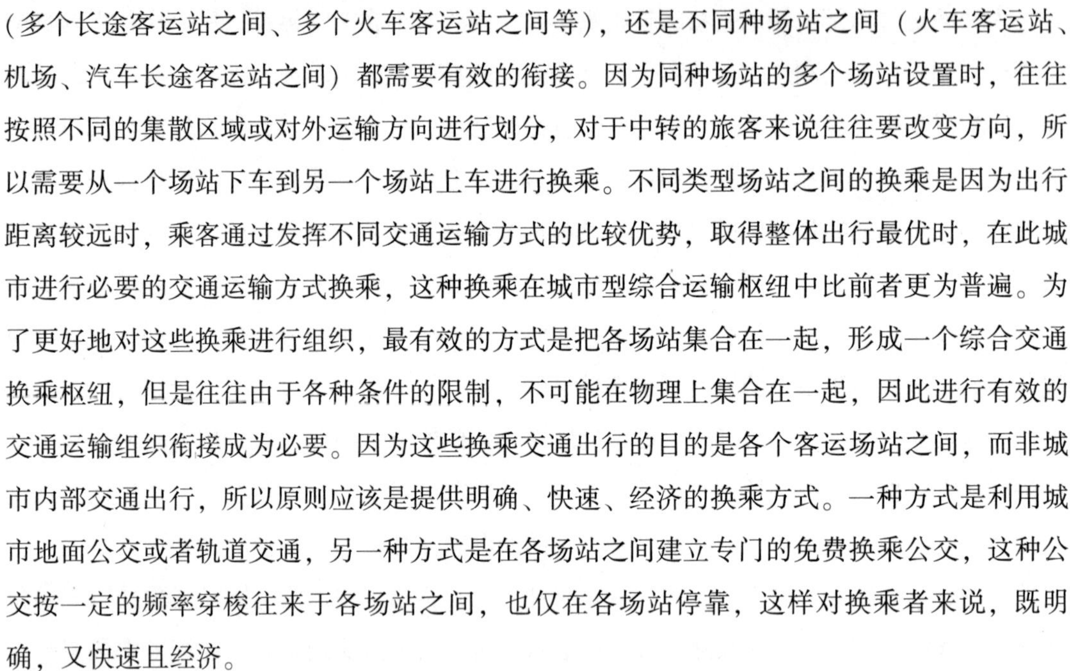

(多个长途客运站之间、多个火车客运站之间等)，还是不同种场站之间（火车客运站、机场、汽车长途客运站之间）都需要有效的衔接。因为同种场站的多个场站设置时，往往按照不同的集散区域或对外运输方向进行划分，对于中转的旅客来说往往要改变方向，所以需要从一个场站下车到另一个场站上车进行换乘。不同类型场站之间的换乘是因为出行距离较远时，乘客通过发挥不同交通运输方式的比较优势，取得整体出行最优时，在此城市进行必要的交通运输方式换乘，这种换乘在城市型综合运输枢纽中比前者更为普遍。为了更好地对这些换乘进行组织，最有效的方式是把各场站集合在一起，形成一个综合交通换乘枢纽，但是往往由于各种条件的限制，不可能在物理上集合在一起，因此进行有效的交通运输组织衔接成为必要。因为这些换乘交通出行的目的是各个客运场站之间，而非城市内部交通出行，所以原则应该是提供明确、快速、经济的换乘方式。一种方式是利用城市地面公交或者轨道交通，另一种方式是在各场站之间建立专门的免费换乘公交，这种公交按一定的频率穿梭往来于各场站之间，也仅在各场站停靠，这样对换乘者来说，既明确，又快速且经济。

②货运场站

在与城市交通衔接方面，不管是机场、码头，还是火车货运站、汽车货运站（物流中心、配送中心等)，衔接的组织形式都是汽车运输，所以只要保证这些场站与城市道路有良好的衔接即可。

相对于客运来说，各个货运场站之间的衔接也比较简单，因为总体来说，货物很少从一个场站运送到另一个场站，所以相互衔接的必要性不高。首先机场由于其运输的都是批量小、价值高、时效性强的货物，很少与其他运输方式场站之间进行联系。由于水运的货物数量比较大、时间要求不高等，需要火车和汽车集疏运，但不是把码头的货物运输到火车站或汽车货运站，只要连通公路和铁路即可。火车货运站也是一样，往往是汽车把货物直接从火车站运送到目的地或者从目的地运送到火车站。

（2）客运场站、货运场站的共同点

客货场站虽然有各自的特点，但在与城市交通关系方面也有共同点，最主要的就是交通运输具体场站的布局对于对外交通运输和城市交通的衔接与影响也有重要的作用，这主要包括以下两个方面：

①集中布局还是分散布局的问题

集中布局与分散布局各有特点，集中布局可以有效地缩短各种交通方式站点间的距离和乘客换乘时间，如果交通设施利用立体的竖向空间分别设置，可以节约为城市中心地区可贵的土地资源提供条件。但是交通枢纽集中布局也有明显的缺点，往往工程难度大，造价高昂，更重要的是常常使各个方向通往交通枢纽的人流和地面机动车交通汇集于十分狭小的区域内，如果客货流量较大时会使得交通积聚性太强，造成平均集散距离过长，并且局部交通组织困难，为避免堵塞，进行有效的交通组织，常常出现大大小小的各种高架匝道和地下隧道，对城市特别是城市中心区的景观有很大的影响。当客货流达到一定程度后，这种组织形式是一种不可行的事情。而分散布局恰恰相反，可以分散积聚度，不至于以场站为中心的交通积聚性太强，对城市交通影响较小，但是由于分散在不同地方，一部分换乘、换装需要在不同场站间进行，换乘距离长，增加了一部分交通出行。

当选择分散布局而设置两个或两个以上的场站时，货运站可以按照不同的线路方向分工，客运站的分工可根据具体情况采取如下方案：按衔接线路分别办理始发、终到旅客列车；按办理始发、终到和通过旅客列车分工；按办理快、慢车分工；按办理长途、市郊旅客列车分工。

②位置问题：市区还是市郊

不管客运场站还是货运场站，其位置主要由集散的重心来决定，重心不同，两者的位置也不同。对于客运场站，除了机场由于噪声、空域、起降条件等因素必须远离市区以外，对于火车客运站和汽车长途客运站，综合各种因素，应该在市区内更为合适。其原因是城市客运场站主要的客流目的地是到该城市，进行中转或目的地为市域内的客流相对占少数。而到该城市的目的以公务、商务和旅游为主，城市的办公区和商务区一般都是在城市的核心区，因此总体上说客运枢纽的客流目的地以市区为主，如果把客运场站集散的目的地求几何重心的话，一定是靠近市区的，而此重心恰恰是客运场站的最佳位置。从实际运营的角度看，不管是火车还是长途汽车，都属于公共交通，到客运场站后客流进行分散，产生更多的交通流，集散的距离决定着产生的交通周转量，也就是对城市路网的交通容量。只有枢纽位于集散的几何重心，产生的交通周转量最小，对路网的交通容量最小。同样的道理，对于货运场站也是货运目的地的几何重心，但是由于大城市产生大货运量的工业，一般城市市区的外围，因此货运场站位于市区外围更合适。

二、综合运输枢纽（城市）规划研究内容及分析方法

运输枢纽是综合运输体系的重要组成部分，是运输效率、服务水平高低的关键。近些年，我国交通运输建设发展“重线路、轻节点”，运输枢纽成为综合运输体系的薄弱环节。运输枢纽的重要性及发展滞后的状况已经引起政府的重视，提出综合运输体系发展将由以通道建设为主向通道与枢纽并重转变。

运输枢纽有宏观层面上运输枢纽城市和实体运输枢纽站场之分，实体运输枢纽站场是宏观运输枢纽城市最重要的构成要素。把一个城市作为综合运输枢纽进行整体规划研究，

不但可以发挥其枢纽的功能作用，而且可以统筹协调各构成要素，加强城市内外交通的衔接，促进与城市的协调发展。当前，许多枢纽城市已经开始或迫切需要这种规划研究。以往运输枢纽方面研究多针对单个枢纽站场或某一种运输方式枢纽，对综合运输枢纽城市进行系统整体规划和研究较少，目前处于探索起步阶段，应首先对规划内容和分析方法进行研究。

综合运输枢纽（城市）规划主要围绕枢纽城市在综合交通网中的功能定位、枢纽城市对外运输通道的构建，以及枢纽城市内以站场为主体的运输枢纽体系三大方面。同时还包括如何落实规划，把规划逐步变为现实的策略与条件，即推进策略与近期建设重点、措施保障与政策建议两块内容。

（一）枢纽城市的功能定位

运输枢纽城市是指具有良好的地理、交通区位等条件，是综合交通网中的重要节点，有广大的吸引和辐射范围，对区域内交通运输的衔接顺畅和高效运行具有全局性和重要影响的城市，是从交通运输的角度定位城市在综合运输体系中的地位和作用。

枢纽城市的层次和类别划分有多种，各枢纽城市应根据自身特点确定功能定位。在《综合交通网中长期发展规划》中对枢纽城市划分为全国性、区域性、地区性三个层次，并确定了 42 个全国性综合交通枢纽城市。这虽是一种地位级别划分的方法，也在一定程度上明确了部分枢纽城市的定位，但对具体枢纽城市的功能定位还须具体分析。枢纽城市在类型划分上有多种，根据主导运输方式的不同，可以分为以港口水运为主、以铁路枢纽为主、以铁路和机场为主等；根据主要运输对象的不同，可以分为以客运为主、以货运为主和客货兼顾；根据所处的地理区位不同，有沿海陆水联运枢纽、国内陆路中转枢纽、边境对外门户枢纽等之分。

枢纽城市功能定位的论述主要依据城市的地理交通区位、城市规模及周边区域的经济基础、枢纽城市对外交通条件等。地理区位和城市规模是枢纽城市的内在决定因素，决定着交通运输网络是否以其为中心和节点，对外交通条件是外在前提，影响着枢纽辐射范围的广度与深度，共同决定着运输量的大小和枢纽规模。

地理区位决定了枢纽在区域运输中集聚、中转内在的经济性和过境运输的可能性与必然性。地理区位条件主要是指该城市在区域中的位置，是在沿海、内陆，还是边境地区。有的城市处于边境地区，但从更大的国际区域角度看，该城市又是该国际区域的中心，如昆明。地理区位分析还需要充分考虑经济发展分布和交通网络情况。

枢纽城市的规模及其在区域中的集聚辐射度决定了以该城市为起止点的客货运输流吸引、产生量，这些客货运输同时为集散、中转运输的经济性提供了基础条件。城市（或地区）的人口规模、经济规模以及经贸发展水平、对外开放程度都是影响客货运输流域的极其重要的因素。枢纽城市应有较大经济规模，产业体系相对比较完善，是区域经贸往来中心，具有较强集聚辐射和引领作用。确定枢纽城市的功能定位要分析其经贸、商贸市场以及文化交流情况，分析其经济上的实力和发展潜力，在区域经济发展中的影响力和领导地位。

对外交通运输发展水平直接关系到一个城市或地区的获取发展所需资源、要素的能力，同时也直接关系到是否能成为枢纽城市必要条件。作为外在条件，在分析枢纽城市功能定位时，主要依据对外交通运输发展现状情况。

枢纽城市的功能定位分析需横向考虑与周边城市的协调、配合。一个区域中，存在不同层级的枢纽城市，既要考虑分析不同层级间的相互配合，也要分析同一层级间的分工协调。枢纽城市的重要性既要看城市自身规模的绝对大小，还要看与周边城市的相对大小及其聚集度，如昆明市的经济规模在全国城市排位中比较靠后，但由于其周边区域中没有更大的城市，其聚集度很高，无可争议地作为区域枢纽城市。

枢纽城市的功能定位分析须以历史发展的眼光，既要依据目前的发展现状，又要着眼未来。枢纽城市的地理区位、经济基础、对外交通条件都会发生变化。原来是边境末端的城市，区域对外开放等发展外部环境的变化可以使其地理经济区位发生根本变化，由区域末端变成对外开放的前沿和区域经济合作发展的中心。枢纽城市及其周边地区城市的经济发展速度不同，影响着城市绝对规模和相对大小，进而影响着枢纽城市的地位。区域交通路网的变化也直接影响着枢纽城市地位的改变。

由于对外交通条件的改变相对容易，应更多地根据地理区位条件和城市在区域经济中的地位，确定该枢纽城市应该承担或可能承担的功能定位，作为枢纽城市未来发展的目标。

（二）对外交通运输通道网络

运输枢纽与运输通道相对应，两者相互依存、相互促进发展。通道的功能在于为载运工具的运行提供大能力的通行条件，客货运输必须依托枢纽进行组织和提供相应的服务才能实现。枢纽依托通道而产生和加强，通道的通达程度是枢纽服务范围和辐射半径的主要体现，枢纽的地位和功能很大程度由所连接的通道决定。因此，枢纽城市的规划和打造需要构建完善的对外运输通道网络。

运输通道是区域综合运输体系规划的重点，其中对通道的走向、能力、方式构成等都进行详尽的规划描述，但其着眼点是站在区域的角度，为了加强城市、区域间客货运输的互联互通，非从打造枢纽城市的角度，实现枢纽城市的功能定位。两者有较强的共性，但又有一定的区别，对于运输枢纽（城市）规划，应在区域综合运输体系规划的基础上，根据需要对通道规划进行补充完善。

作为实现枢纽功能定位的外部前提条件，应根据确定的枢纽城市功能定位，结合目前发展现状与问题，构建打造与枢纽城市功能定位相适应的对外交通运输通道网络，其线路等级和能力与枢纽城市的规模和承担的客货运输作业量相匹配。

对外运输通道既包括交通基础设施网络，又包括运输运营网络。枢纽主要服务范围和辐射半径既取决于交通基础设施网络的通达程度，也取决于运输运营网络的覆盖范围。运输网络是进行运输经营与服务提供的生产要素，它决定着枢纽的服务辐射范围和与相关连接点之间的通达度、便捷度。因此，枢纽通道网络规划既要构建交通基础设施网络，又要依托该通道构造运输网络，并进行运输组织模式设计。对于国际枢纽通道网络还须进行口岸和便利通关等方面问题的研究。

（三）城市内运输枢纽体系

运输枢纽（城市）在综合运输体系中承担客货运输集散、中转、换乘、换装以及过境等功能，该功能的发挥依靠城市中相关交通基础设施及其设备、信息系统等要素构成运输枢纽体系。基础设施具体包括各种运输枢纽站场及其集散线路、运输枢纽场站之间的联络线、城市道路与对外公路的衔接以及过境线路等，其中运输枢纽站场是主体，是枢纽功能的主要承担者。综合运输枢纽城市主要发挥城市交通和对外交通运输的衔接以及外部交通运输在城市内中转换乘，运输枢纽站场主要指机场、火车站、长途汽车站、港口等，不包括城市内客运出行形成的中转换乘枢纽站场，即市内交通枢纽站场，如轨道交通换乘枢纽站、地面公交换乘枢纽站等。

城市内运输枢纽体系规划应主要处理与城市发展和产业布局的协调、减少对城市交通的影响、便于客货集散、提高旅客中转换乘的方便和快捷，以及城市土地资源的集约利用等问题。根据运输枢纽体系的构成要素，规划内容包括以下七个方面：

1. 枢纽站场布局调整

枢纽站场的布局应在与城市发展及产业布局相适应的前提下，尽量便于旅客和货物到达站场，缩短枢纽站场与客货源点之间的运输时间。在确定枢纽站场的具体位置时，还须考虑其他一些实际因素，如周边道路交通条件、土地的可获得性、与周边环境的协调性等。另外，枢纽站场尤其是大型客运枢纽站场对周边地区具有很强的催生效应，在目前我国城市化进程快速发展阶段，一些城市为了拓展城市发展空间，调整城市布局，利用枢纽的集聚效应，可以把枢纽站场布局在建成区以外或者更远地区，促进形成城市副中心。

2. 枢纽站场的规模与集中度、综合性

枢纽站场的规模主要依据未来客货吞吐量、中转量确定。客运枢纽站的集中和综合可以减少旅客换乘次数和换乘时间，大大提高便捷性，同时还可以节约城市中宝贵的土地资源。铁路、民航主要承担中长途客运，公路客运是中短途，部分是为中长途进行旅客集散。为方便旅客中转换乘，应重视公路长途客运站与铁路客运站、机场的一体化。随着客运专线、城际铁路的建成运营，铁路客运站与机场的综合一体化也逐步必要。枢纽站场过度集中也会带来规模过大、集散距离过长，并且使大量集散客流、车流汇集于枢纽站场周边相对狭小的区域内，局部交通组织困难等问题，因此也不应该过于追求枢纽站场的规模和集中，大城市规划建立几个客运枢纽站场是合理的。

3. 枢纽站场的功能分工

城市内规划布局两个或两个以上的客货运输枢纽站场时，对其进行功能分工非常必要。货运站场可以依据所服务的区域范围和业务类型，结合对外运输线路的方向进行分工。客运站场可根据具体情况采取如下方法进行功能分工：按衔接线路方向进行分工；按办理快、慢车分工；按办理中长距离、城际和市郊旅客列车分工。即使综合性客运枢纽，如上海虹桥客运枢纽，其铁路功能、航空功能也应在全市铁路运输、民航运输中有一定功能分工。

4. 枢纽站场的集疏运网络

枢纽站场集疏运网络规划应该对其周边区域交通现状及未来发展全面了解的基础上，结合城市轨道交通、城市道路等建设，合理构建。其核心理念应为干线运输与集疏运能力匹配，能够实现快速集散，并尽量减少城市交通压力。具体应依据三方面原则：首先，客运枢纽应建立以公共交通为主导、出租车和社会车辆为辅的多种客流集散方式，大型综合客运枢纽应以城市轨道交通为骨干；其次，大型国际机场既要有轨道交通与城市轨道网相衔接，又要有高速铁路经过或与主要铁路客运站建立直接、快速的客运通道；最后，加大铁路运输在港口货物集散中的比重，并采取建立货运专用通道等措施，尽可能减少公路集散运输对城市的影响。

5. 枢纽站场间运输联系通道

大型客运枢纽站场之间都有较大规模的旅客进行中转换乘，有必要建立有效的衔接。这些中转换乘交通限于客运站场之间，目的明确、相对集中，与城市内部交通出行有较大不同，应为其提供快速、经济、直达的中转换乘方式。一种方式是与城市地面公交或轨道交通相结合，有运营线路为枢纽站场间建立快速、直通的联系，同时服务城市居民日常出行；另一种方式是在各站场之间建立专门、独立的换乘公交线路，这种公交按一定的频率穿梭往来于各站场之间，仅在各客运站场停靠。货物很少从一个站场运送到另一个站场，货运站场之间一般不需要衔接通道。

6. 合理处理（分离）过境运输

枢纽城市的地理区位决定了必定有较大规模的过境运输，过境运输不在枢纽城市停留，与城市的经济社会发展基本没有关系，有必要通过各种形式实现分离。分离的形式有过境公路、过境铁路、绕城高速公路等。如果受客观条件限制或从技术经济角度修建独立过境线路不经济合理，过境交通运输通过城市内部道路，该道路应按城市快速道路的标准建设与控制，或直接采用高架或下穿的方式过境。目前在中小城市过境交通可以利用城市道路与城市交通混行。随着城市发展和扩大，应修建专用过境铁路和公路。对于过境公路，还须通过交通管制、经济手段等加以引导，以达到过境交通与城市交通分离的预期目的。

7. 对外公路与城市道路的衔接

综合运输枢纽城市还有大量的汽车进出城区，为了使这部分交通流顺畅，避免在城郊接合处出现交通拥堵，要求对外公路与城市道路有良好的物理连接和通行能力的匹配。其中通行能力的匹配是指对外公路衔接的所有城市道路的通行能力之和与对外公路的通行能力相匹配。由于城市道路本身要承担城市内部的交通，只有部分通行能力可以用来承担对外客货运输，因此应是该有效通行能力之和与对外公路通行能力相匹配，需要主要对外公路与多条城市主干道相衔接。另外，城市交通和对外干线交通流在时间上都有不均衡性，如城市交通的早晚高峰等，能力匹配还须考虑这种时间上的不均衡性。

另外，城市枢纽体系规划还应对站场设计的立体化和人性化，信息系统与运营服务方面的完善、衔接等提出一定的要求。

总之，城市内运输枢纽体系规划应以强化衔接为核心，建立功能完备、布局与分工合理、设计人性化、集疏运体系完善的枢纽站场和能力匹配的线路网络，加强信息系统、运营服务的衔接，使城市内外交通、客货中转换乘更加便捷、顺畅，提高综合运输体系的整体效率和服务水平，促进运输枢纽与城市的协调发展。

（四）推进策略与近期建设重点

对外运输通道网络和市内枢纽体系的构建，涉及许多建设项目和工作任务，在投资资金、外部环境条件等方面的约束下，需要长期持续不断地完善，需要统筹合理、分阶段逐步实施推进。

确定推进策略和近期建设重点，应从项目和任务对构建枢纽城市、打造枢纽功能定位的重要性、建设的紧迫性和实现的可能性三方面进行考虑。其中连接周边主要城市、港口的大容量、快速对外干线线路和市区内主要的大型客货运站场对枢纽的构建、功能定位的发挥具有重要作用，应优先重点考虑。对规模不满足目前运输需求、对城市发展和周边市内交通拥堵已经造成较大影响的枢纽站场和线路，具有较强的迫切性，需要尽早实施搬迁或集疏运系统改造。实现的可能性主要从资金、土地以及相关方协调合作的成熟度等方面进行考虑。

（五）保障措施与政策建议

保障措施与政策建议应主要包括运输枢纽的管理体制与协调机制、投融资与建设模式、运营管理模式与制度建设等方面。

1. 管理体制与协调机制

运输枢纽的要素较多，涉及多个行业管理部门，目前这些管理部门各自独立。枢纽的建设、运营既涉及城市管理部门与上级行业主管部门的协调，也涉及城市内相关部门之间的协调。缺乏统一的管理责任主体和相互间协调衔接不够是目前运输枢纽发展薄弱的根本原因。要推动运输枢纽的健康快速发展，必须建立有效的管理体制和协调机制。城市政府应明确某一部门为枢纽建设的责任主体，赋予一定权限，以其为核心，建立城市部门间协调机制。同时，该部门全权负责与上级各行业主管部门的沟通与协调。

2. 投融资与建设模式

运输枢纽尤其是客运站场具有较强的公益性，应由政府主导建设，在资金、土地、税收等方面加大支持力度。同时，多数枢纽站场具有一定的可经营性和盈利性，应充分利用该特点，以政府的相关支持为基础，采取灵活的方式，吸引企业及民间投资。城市政府应充分考虑不同交通枢纽在公益性、经营性等方面的不同，采取不同的投融资方案。在此基础上，按照市场规则形成投资法人，对枢纽站场进行投资建设。投资建设主体法人化可在一定程度上避免建设项目决策、建设与生产、经营相互脱节，经济效益低下等问题。

3. 运营管理模式与制度建设

枢纽场站的运营管理模式有很多种，如所有者及相关部门各自独立管理、所有者及相关部门统一协调管理、委托运输企业管理、委托专业化的运营企业进行管理等，应根据不同枢纽站场的性质情况，选择合适的运营管理模式。同时应建立相应的机制和明确的制度，保证所有运输服务市场主体享有公平使用。

三、以城市为主导加快推进综合运输枢纽建设发展

综合运输枢纽是综合运输体系的重要组成部分，是运输生产经营活动的重要场所，是运输效率、服务水平高低的关键。在我国综合交通网加快形成的历史阶段，推进完善综合

运输枢纽对增强交通网的有效供给能力、提高综合运输体系的整体效益和服务水平等均有重要作用。

（一）推进我国综合运输枢纽规划、建设的必要性与紧迫性

1. 社会经济发展对交通运输需求变化要求加快综合运输枢纽建设

随着我国经济发展方式的转变，高端产业的比重越来越大，货物运输呈现小批量、多批次、高附加值等特征，在时间上对及时送达等也有较高要求。同时，随着人们生活消费水平的提高，对出行的舒适性、便捷性等服务质量的要求也越来越高。运输枢纽作为提高服务水平的关键，需要进行建设和完善。

2. 城市发展、枢纽站场大规模调整和重构，需要整体考虑、系统规划

城市功能布局调整、各种运输方式场站和城市轨道交通的建设使许多城市的综合运输枢纽进入了新一轮调整和重构时期。除了城市发展使许多客货运输站场调整外迁外，近些年是我国正处在各种运输方式枢纽站场大规模建设完善期和城市轨道建设高峰期。

（二）推进我国综合运输枢纽快速健康发展的政策建议

1. 提高对综合运输枢纽重要性和建设迫切性的认识，各级政府通过各种形式加大支持与引导，加快其完善发展

加快综合运输枢纽的完善发展，首先要提高对其重要性和建设的迫切性认识，进而通过各种形式加大支持和引导。运输枢纽尤其是客运站场有较强的基础性和社会公益性，在目前收费体制下，运输枢纽站场建设运营作为独立商业投资项目的吸引力不足，需要政府给予扶持。具体政策措施包括：提高枢纽站场投资在交通基础设施投资中的比重；制定合理优惠的土地出让政策，客运枢纽站场以划拨为主；完善建立市场化定价收费机制；降低或减免相关税收；增加信贷贴息力度等。

积极探索客运枢纽站场的综合利用开发。便利的交通和大规模客流聚集使客运枢纽充满了商机，奠定了其综合利用开发的可能性。同时，客运枢纽一般位于市中心，为了更好地利用稀缺的土地资源，从土地集约利用方面也要求进行同步商业开发。综合开发利用的收入可以用作投资建设和维护费用，是政府对综合客运枢纽的一种间接投入方式，保证其可持续发展。

2. 明确综合运输枢纽的责任主体以及规划编制、项目建设等审批、验收机制

（1）城市政府应为综合运输枢纽规划、建设、运营管理的主导者

综合运输枢纽的公益性和自然垄断性决定了应由政府主导进行建设，而综合运输枢纽

融各种要素为一体，其规划、建设、运营管理涉及各种运输方式主管部门以及城市规划、土地、城建、环保等多个相关部门。为了有效集合各要素，发挥枢纽的整体功能和效益，需要建立统一的规划设计、投资建设、运营管理体制或协调机制。

城市政府最合适也有条件作为综合运输枢纽的主导责任主体。运输枢纽是重要的交通基础设施，更是城市基础设施的组成部分。铁路、公路、机场、港口等运输枢纽站场在区域及全国运输组织中具有重要的作用，但这些站场在城市中的具体位置对该功能作用的发挥影响不大。相反，从城市的角度看，运输枢纽主要为该城市及周边地区服务，场站往往需要布局在大型工商企业集中、人口密集的地区及周边，与城市其他基础设施联系极为紧密，其布局对城市的整体发展、运营对城市的秩序以及提供运输服务的便利性等均具有直接重大影响。城市政府作为主导者可以统筹考虑、更集约有效地利用土地资源，可以更好地促进客货运输设施与经济社会活动相协调，促进枢纽站场集疏运体系与城市交通相衔接和协调，有效避免和解决目前存在的问题。

（2）城市政府负责统一规划和大型综合枢纽站场的前期工作

国家宏观经济管理部门组织协调各行业主管部门进行审批及项目验收。城市政府负责综合运输枢纽的统一规划和前期研究。城市政府依据本城市在综合运输体系中的地位功能，在充分考虑和满足运输需求的前提下，结合城市功能、产业布局、城市交通状况等因素，在城市层面统筹协调规划、土地、城建、环保等多个相关部门，对综合运输枢纽城市各构成要素进行统一规划。对于大型运输枢纽场站，城市政府负责组织进行可行性研究工作，明确枢纽站场的建设内容范围及其集疏运体系、投融资模式和构成比例，以便形成统一投资主体或者协调机制。

国家宏观经济管理部门组织协调各行业主管部门对规划、重大项目进行审批和验收。由于综合运输枢纽构成要素的涵盖面很广，中华人民共和国铁道部、交通运输部、民航局以及城乡住建部等行业主管部门均难以对城市综合运输枢纽规划和重大综合性枢纽站场可行性研究进行独立审批，有必要让国家宏观经济管理部门来组织协调这些行业主管部门并进行审批。经批准的综合运输枢纽规划，应纳入城市总体规划。重大运输枢纽站场可行性研究通过审批后，城市政府进一步征求铁路、公路、航空、水运等行业主管部门以及相关运营企业的建设要求，组织设计和建设，国家宏观经济管理部门与各行业主管部门共同参与最终验收工作。

3. 鼓励实施运输枢纽站场投资建设主体法人化

投资建设主体法人化可在一定程度上避免建设项目在决策、建设与生产、经营相互脱节，经济效益低下等弊病。对港口等可以完全市场融资的枢纽站场，按照市场规则形成投资法人主体。对具有公益性难以完全商业化运作的枢纽站场，城市政府针对具体枢纽站场与各行业主管部门及其他投资主体通过合理的方式确定各自的投资比例。铁路、公路、民航等行业主管部门按照相关规定，分别投入一定数量的资金作为建设资本金；城市政府通过已有的基础设施投资公司或组建新的站场建设投资公司管理相关资金，对枢纽站场进行投资；两者共同作为资本金，使其成为吸纳民间资本的有效媒介。在此基础上，按照市场规则形成投资法人，对枢纽站场进行投资建设。

4. 加强运营管理模式及制度建设，保证枢纽站场的公共性

枢纽站场具有自然垄断性，如果运输企业掌握枢纽站场的运营，容易形成运输市场的垄断，进而影响运输市场的公平竞争和资源的有效利用，有必要采取措施保证枢纽站场的公共性，其措施和形式有多种：首先，应尽可能使枢纽站场的投资运营主体与运输服务的市场主体分开，并且前者在运营过程中不受后者的控制和影响。这需要政府作为主要的投资主体，拥有枢纽站场的控制权，选择枢纽站场的运营主体；或者寻求多家运输企业共同参股，相互制衡，以达到对枢纽站场的公平使用。其次，对于枢纽站场的投资、运营主体同时也是运输服务的市场主体的情况，应建立相应的机制和明确的制度，保证其他运输服务市场主体享有公平的待遇。

第二节　运输市场与服务

一、一体化运输服务市场体系构架的范畴

实现并推广一体化运输服务需要政府来推动。运输服务是由运输企业来提供和实现的，但要想实现一体化运输服务，仅靠运输企业自身努力是难以实现的，并且需要较长的时间。在一体化运输服务实现的支撑条件中，加强交通基础设施的衔接、实现载运工具和票据的标准化、建立良好的外部环境等，都是运输企业难以实现的。在提高运输企业的运输组织协调能力和建立良好的合作关系，以及实现交通运输信息的联通共享等方面，运输企业自身虽能够在一定程度上实现，但如果有政府主管部门的推动，实现的难度将会降低，时间会大大缩短。

一体化运输服务市场体系构架是指政府为了促进和提高运输服务一体化水平，在运输市场建设管理方面的职能和工作，是实现一体化运输服务支撑条件和运输市场建设管理内容的交集。从实现一体化运输服务的支撑条件看，只有对运输企业的管理才属于运输市场建设管理的内容，属于该范畴；而促进交通基础设施的衔接、交通运输信息的联通共享、载运工具、票据等的标准化以及建立良好的外部环境等不属于运输市场体系建设的内容，

不属于该范畴。从运输市场体系建设的内容看，只有推动运输企业发展和相互联合、协调等方面，才能促进一体化运输服务的实现，属于该范畴；其他促进企业间竞争、形成合理价格、运输安全监督等方面的内容的目的和结果不能促进一体化运输服务的实现，不属于该范畴。

二、实现一体化运输服务的模式及对政府管理的要求

实现一体化运输服务的模式是指实现全程运输服务所需要的承运人数量和组织形式，具体有以下三种：

（一）一个超级承运人独立完成全程运输组织和生产活动

有的跨区域、综合性运输企业可以独立完成全程运输组织和运输行为活动，从而为客户提供“门到门”的运输服务，这种运输企业即为所谓的超级承运人。这种超级承运人必须在较大的地域范围甚至全球范围内的各个地区设有分公司或办事处，同时拥有不同运输方式的运输工具。

由超级承运人独立完成全程运输服务是最容易实现一体化运输服务的模式。由于全程运输服务由一个承运人来完成，统一进行全程运输组织，各区段之间的衔接也是同一公司内的衔接，不管是票据还是交接手续以及设备工具等都是统一的，组织非常严密，各运输环节衔接时相互之间配合默契，全程运输过程最容易达到无缝衔接。

该模式中，实现一体化运输服务的关键是拥有跨区域、综合性的运输企业，因此政府需要积极推动培育形成这种跨区域、综合性的超级承运人。

（二）一个全程联运经营人进行全程运输组织，多个承运人共同完成运输生产活动

该模式具体是指由一个全程联运经营人综合组织的两个或两个以上运输企业（不同运输方式的运输企业或同种运输方式不同地域的运输企业），将货物从接管的地点运到指定交付地点。该模式中，全程联运经营人既可能由不拥有任何运输工具的货运代理企业、场站经营企业担任，也可以是某一区段实际承运的运输公司担任或者第三方物流企业，但必须能独立承担责任。在该模式下，运输组织工作与实际运输生产实现分离，全程联运经营人负责全程运输组织工作，各区段的实际承运人负责实际运输生产。在这种模式下，全程联运经营人具有双重身份：对货方而言，他是全程运输服务的承运人，与货方订立全程运输合同，向货方收取全程运费以及其他费用，并承担承运人的义务；对各区段实际承运人

而言，他是托运人，他与各区段实际承运人订立分运合同，以契约承运人的身份负责组织其他各运输企业，向实际承运人支付运费以及其他必要的费用。在这个过程中，全程联运经营人是唯一的对托运人直接负责的契约承运人，而其他各区段、各种运输方式的承运人都是实际承运人，他们直接对全程联运经营人负责。

在这种模式中，全程联运经营人在运输服务实现过程中起核心作用，也是这种模式能够形成的关键，因此，为推动该种模式的发展，实现一体化运输服务，政府应该积极推动引导大型主导运输企业或大型货运代理企业等开展全程运输服务，成为全程联运经营人。

（三）多个承运人，相互协作完成全程运输组织和生产活动

该模式是指两个或两个以上的运输企业，按照统一的规章或商定的协议，共同将货物从接管货物的地点运到指定交付货物的地点的运输。在该模式下，参与联运的承运人均可受理托运人的托运申请，接受货物，签署全程运输单据，并负责自己区段的运输生产；后续承运人除负责自己区段的运输生产外，还需要承担运输衔接工作；而最后承运人则需要承担货物的交付以及受理收货人的货损货差索赔。在这种模式下，参与全程运输的每一个承运人均具有双重身份：对外而言，他们是共同承运人，其中一个承运人与发货人订立的合同，对其他承运人均有约束力，即是为每个承运人均与货方存在运输合同关系；对内而言，每一个承运人不但有义务完成本区段的实际运输和有关的货运组织工作，还应根据规章或约定协议，承担风险，分配利益。

前两种模式中，超级承运人或全程联运经营人对全程运输服务进行统一运输组织，并对运输全过程负责。该种模式下，虽然联合体对运输全过程负责，但全程运输的运输组织是松散的，各区段承运人更多地关注或负责本区段的运输组织和运输生产，因而在相互衔接的环节相对较差，运输服务一体化的程度也就相对较低。

这种模式实现的关键是运输企业之间相互信任，在一定协议下进行合作，形成企业联盟。因此，在推动该模式发展过程中，政府的任务是创造各种环境和条件，积极推动运输企业之间的合作。

三、各运营模式实现的关键要素分析及政府的职能和措施

（一）形成跨区域、综合性运输企业的条件

在形成跨区域、综合性运输企业在外部环境方面，最重要的是要有一个完全的市场环境。要形成跨区域的运输企业，需要各地区的运输市场都是完全开放的，相互之间没有政

策壁垒和地区保护主义；要形成综合性的运输企业，需要不同运输方式的运输市场都是开放的市场。

基于以上分析，政府要推动跨区域、综合性运输企业的形成，就需要在各地区、各种运输方式均开放市场。

（二）影响货代发展或运输企业成为全程联运经营人的因素

全程联运经营人可能是实际承运的运输企业或货运代理企业，影响其成为全程联运经营人的因素分别为：

1. 主导运输企业的积极性

对于运输企业成为全程联运经营人，该运输企业应该在全程运输中具有主导地位，或者说其承担的该段运输是最重要的组成部分，如公路、铁路联运中的铁路运输企业，国际公路、海运联运中的海运企业等。由于该运输企业在整个运输过程中最重要，运输链中的其他企业便更容易以其为中心，服从其对全程运输的组织安排，从而形成紧密的运输链条。而在全程运输过程中处于从属地位的运输企业则有较大难度。因此，处于主导地位运输企业的积极性具有决定性作用，如果其没有积极性承担此职责，则难以实现一体化的运输服务。

2. 货代行业发展水平和环境

货物运输代理企业是货主和实际运输企业之间的桥梁，其在接受货主委托后，凭借对运输市场和各地域、不同运输方式运输企业的熟悉和了解，比较容易进行全程运输组织和协调各运输企业，从而最有条件成为全程联运经营人。实践也证明，货物运输代理业的发展推动了多式联运的发展。

货运代理企业成为全程联运经营人的前提是对各地、不同运输方式的运输企业都比较熟悉和了解。如果货运代理行业发展水平不高，货运代理企业仅局限于某一地区或者某一种运输方式，则同样不可能成为全程联运经营人。另外，货代行业的发展环境对成为全程联运经营人也有较大影响。如果运输代理市场不规范，存在层层代理、多次分包等问题则会阻碍全程联运的发展。因为如果层层代理、多次分包，货代企业不是直接与运输企业进行接触联系，无法进行全程运输组织协调。

基于以上分析，政府在推动形成全程联运经营人的过程中，一方面需要鼓励和引导主导运输企业扩大业务范围，成为全程联运经营人；另一方面要规范货代行业的发展，并鼓励货代企业跨区域开展综合性业务，从而成为全程联运经营人。

（三）多个运输企业合作的前提条件

实现一体化运输服务模式中的第二种和第三种模式都需要运输企业之间的相互合作，

运输企业之间相互合作需要以下条件：

1. 真正的市场主体，有共同的目标和利益

只有真正的市场主体才有争取更多客户、追求利润的要求，才会努力满足客户要求。也正是这些共同的目标和利益，才使运输企业之间有合作的动力，通过合作实现共赢。

目前我国的运输市场，有的运输方式的运输企业还是政企合一，有的运输企业是国有体制，这些运输企业都不属于真正的市场主体。这些运输企业在发展过程中，企业的目标和利益与真正的市场主体有所不同，阻碍了其与其他企业合作的积极性。基于目前现状，政府应进一步对运输市场进行改革，使所有的运输企业都成为真正的市场主体。

2. 市场主体之间地位平等

市场主体之间的地位平等是相互合作的前提。只有在地位平等的情况下，企业合作时在运输过程中的责任划分、风险分担等方面才会公平合理。市场主体的地位是否平等，很大程度上取决于市场结构，如果市场结构是独家垄断或者寡头垄断的状态，则处于垄断地位的企业将依据其市场地位，难以公平地与中小运输企业进行合作，也影响了中小企业与之合作的积极性和可能性。为了推动市场主体之间的平等地位，政府需要对运输市场进行管理，推动形成合理的市场结构，消除市场垄断行为。

3. 市场主体之间相互信任

运输企业之间的信任是相互合作的基础。实现全程运输服务需要各区段承运人共同参与行动，共同承担行动的风险，且各方存在相互的依赖。由于合作也是对未来的一种预期，存在很大的不确定性，所以合作关系的存在需要各方在一定程度上相互信任。同时，良好的合作反过来也会进一步促进相互间的信任，从而形成良性循环。

虽然运输企业之间的相互信任主要是企业之间的事情，但政府也应该通过各种途径促进企业间的相互信任，最有效的途径就是建立和规范诚信评价监督体系，通过严格规范的监督机制来增加企业间的这种系统信任。企业最初的合作主要是靠制定详细的契约来支持的，因而首先要让双方对契约的可执行性给予信心，所以必须首先要加强运输企业合同制度规范，使得企业间最基本的合作可以被保障。

4. 完善的市场监管体系及法律体系

运输企业之间相互合作，在完成运输服务的过程中，难免会因为人为或自然灾害等造成货损、不能及时到货等情况发生。虽然运输企业之间在业务合作时签订的合同条款中对责任、风险等有相应的规定，但也会发生一些条款以外的情况。产生纠纷后，运输企业之间难以通过协商解决时，如果有专门的管理机构，根据相关的法律、法规很快划分责任，进行协调处理，则不但不会影响运输企业相互间的合作，反而会提高其相互合作的积极

性；反之，则影响运输企业之间合作的积极性。

从以上分析可以看出，完善的运输市场监管体系和法律法规体系对于促进运输企业之间的合作具有重要作用，需要政府主管部门进一步加强该方面的工作。

（四）具有全程运输组织协调的能力

全程运输组织协调的难度要远远超出某一区段的运输组织协调，要求超级承运人或全程联运经营人有较高的全程运输组织协调能力。全程运输组织的目标是整个运输链的效益最大化，往往与各区段利益最大化有冲突和矛盾，但要想实现合作，必须使各区段所有运输企业共赢才有可能。同时，全程运输组织计划需要考虑各区段的运力情况、能力匹配和时间衔接等因素，因此比制订单一区段的运输组织计划复杂。

运输组织协调能力的高低主要取决于运输企业相关人员的素质和水平，主要依靠运输企业自己锻炼和培养，但政府可以通过加强专业人员培训和实行从业人员资格考试制度等帮助和促进运输企业提高人员素质，进而提高全程运输组织协调能力和水平。

四、一体化运输服务市场体系构架

基于以上对一体化运输服务实现的模式及影响因素进行分析，政府除了需要进一步引导客户提出一体化运输服务的需求外，更重要的是为运输企业提供实现一体化运输服务的外部环境和条件，主要包括以下四个方面：

第一，积极推动形成跨区域、综合性的超级承运人。主要具体政策手段为在各地区、各种运输方式均开放市场。

第二，引导大型主导运输企业或大型货运代理企业开展全程运输服务，形成全程联运经营人。一方面需要鼓励和引导主导运输企业扩大业务范围，成为全程联运经营人；另一方面要规范货代行业的发展，并鼓励货代企业跨区域开展综合性业务，从而成为全程联运经营人。

第三，积极推动运输企业之间合作，形成企业联盟。具体包括：进一步对运输市场进行改革，使所有的运输企业都成为真正的市场主体；对运输市场进行管理，推动形成合理的市场结构，消除市场垄断行为；建立和规范诚信评价监督体系，促进企业间的相互信任；加强制度规范，使得企业间最基本的合作可以被保障；完善运输市场监管体系和法律法规体系。

第四，引导运输企业提高自身水平和能力，尤其是运输组织协调能力。具体措施有通过加强专业人员培训和实行从业人员资格考试制度等帮助和促进运输企业提高人员素质，进而提高全程运输组织协调能力和水平。

第四章　交通运输需求与供给

第一节　交通运输需求

一、运输需求的概念与特征

（一）需求与需求量

1. 需求

（1）需求的含义

人生活在这个世界上，每天都需要许多东西，不管是穷人还是富人，他们的需要都是无限的，无限的需要产生于无限的欲望。人类的欲望往往与其富裕程度有关，但并不完全取决于其富裕程度。世界上某些地区的贫民们虽然食不果腹、衣不蔽体，但他们想要吃好的、穿好的，甚至也会想要住别墅、拥有私人轿车。

一般来说，随着收入水平的提高，人们的消费欲望会随之增强。在低收入水平下，人们对某些商品的消费欲望是潜在的；当收入水平提高以后，这种欲望往往就会显现出来、强化起来。可见潜在的欲望也是人们的需要，在此意义上，需要是无限的。

经济学中所指的需求是指消费者在一定时期内，在各种可能的价格水平下愿意而且有能力购买的商品的数量。

经济学家所关心的不仅仅是人们想要的，而是在他们的收入限定的支出和各种商品价格已知的条件下所选择购买的商品数量。可见，需求是支付意愿与支付能力的统一，两者缺一不可。人们的需要只有在具备了支付能力的情况下才会形成现实的市场需求，否则只是意念中的主观愿望，是无法实现的。

需求可以分为个人需求和市场需求。个人需求是指单个消费者或者家庭单位对某种商品的需求。某一商品市场不同价格水平对应的所有消费者或家庭的需求总和即是该产品的市场需求。个人需求是构成市场需求的基础，市场需求是所有个人需求的总和。

消费者对一定商品所愿意支付的价格称为需求价格，它取决于商品对消费者的边际效用。需求一般随价格上升而减少，或随价格下降而增加。

（2）需求表与需求曲线

根据商品价格与需求量的关系所列成的表称为需求表。商品的需求曲线是根据需求表中商品的不同价格-需求量组合在平面坐标图上所绘制的一条曲线。

（3）需求曲线的例外

一般情况下，需求与价格成反比，即随着价格的增加，需求减少。因此，需求曲线是一条向右下方倾斜的曲线。但是，有些商品并不是这样，可能会有以下三种情况发生：

①某些商品的价格越下降，需求越小。例如珠宝、项链这类装饰品，是代表一定社会地位与身份的，如果价格下降，就不能代表这种社会地位与身份，对它们的需求就只会减少。这类商品本身就是价格昂贵的奢侈品。

②某些商品的价格越高，需求就超大。例如古董、名画、名贵邮票这类珍品，往往是价格越高，越能显示出它们的珍贵性和收藏价值，从而对它们的需求就越大。这也体现在股票市场的“买涨不买跌”的现象。

以上两种情况下，需求曲线可能呈现向右上方倾斜的情况，即价格越高，需求量越大；价格越低，需求量越小；价格与数量之间存在正比关系。这种商品称之为奢侈品或资本品。

③某些低档商品，大幅度降价时人们减少消费，价格上升时反而增加需求。

（4）影响需求的因素

在一种商品市场上，影响该商品的市场需求的因素一般有如下八种：

①消费者的客观需要。需要是需求产生的基础，消费者对各种商品的需要强度是不同的，不同的消费者对不同的商品有不同的需要。一般生活必需品对任何消费者都是必要的，有些商品则只对某些消费者是需要的。

②购买者的货币收入水平或可支配的资产和收入数量。在商品价格既定的条件下，可支配的资产与收入数量决定了可购买的商品或劳务的最大数量，这既适合个人也适合整个市场。

③特定商品或劳务的市场价格。无论是个人需求还是市场需求，都是在某种价格水平条件下实现的。商品价格不同，需求就不同，商品价格是影响需求的基本因素，也是最重要的因素。

④相关商品或劳务的价格。市场上可供消费者购买的商品有很多，它们之间有的可能相互替代，例如不同款式的西装等，叫作替代品；有些商品可能相互补充，如汽车与汽油等，称为互补品。无论是替代品还是互补品，一种商品的价格变动对相应的商品需求都有

影响。一般来说，一种商品或劳务的价格变动，会引起其替代品的需求同方向变动，并使互补品的需求按反方向变动。

⑤收入分配的状况。收入分配的状况主要是指收入分配的集中程度。如果社会收入分配集中程度比较高，少数人在社会收入分配中占有较大比例，就可能将较多的社会收入用于购买奢侈品，同时，低收入阶层用于购买基本生活资料的社会收入就较少，从而基本生活资料的市场需求就会受到限制；相反，如果收入分配的集中程度较低，收入分配范围较大，低收入阶层得到较多的社会收入，基本生活必需品的需求就会较大。因此，收入分配的状况会影响到商品或劳务的市场总需求。

⑥消费者对未来的预期。预期至少从两个方面影响市场需求：首先，消费者对特定品的价格预期明显地影响需求。例如，在消费者预期价格将上升时会迅速购买以增加当前的需求，在预期价格将下降时会延迟购买以减少当前的需求；在企业预期原料价格将上升时会增加当前的购买并囤积，预期原料价格将下降时会延迟购买以减少需求。其次，对某种特定商品特别是耐用消费品而言，消费者对该商品的市场前景的评价对该商品的需求具有显著的影响。例如，如果消费者预测某耐用消费品将被新产品替代，势必延期购买，以等待购买新产品。

⑦广告宣传与消费示范。消费者只能对已经认识、信任和喜爱的商品产生需求，因此，对于新产品和具有替代性的商品而言，广告宣传和消费者示范对市场需求具有巨大的影响。

⑧政治、法律和风俗习惯等非经济因素对某些特殊商品和服务具有特殊的影响。例如不同的民族也有一些特殊需要，都会形成一些特殊的需求，而政治法律制度则会强制性地改变某些消费习惯，从而改变需求结构等。

其他如人口数量、地理环境等因素也会影响到需求。以上这些因素共同作用，决定着整个社会的需求。

2. 需求量

需求量是指在某一时期内，消费者在某一价格水平下愿意并能够购买的商品数量。从需求和需求量的概念上可以看出二者的区别：需求量对应的是某一特定价格下的具体数量，而需求则是每一可能价格水平下的需求量组合。

3. 需求与需求量的变动

对于需求与需求量的区别，可以从两者变动的角度来理解：需求量的变动是在保持其他影响因素不变的情况下，仅由价格因素变动引起的消费者对某一商品的购买数量发生的变动；而需求的变动则是指除价格以外其他因素变动所引起的需求量的变动。

（二）运输需求的概念

1. 运输需求

运输需求是指在一定时期内，一定价格水平下，社会经济生活在货物和旅客空间位移方面所提出的具有支付能力的需要。运输需求必须具备两个条件，即具有实现位移的愿望和具备支付能力，缺少任一条件，都不能构成现实的运输需求。

运输需求包含以下六项要素：

第一，运输需求量，也称流量，通常用货运量和客运量来表示，用来说明货运需求和客运需求的数量与规模。

第二，流向，指货物或旅客发生空间位移时的空间走向，表明客货流的产生地和消费地。

第三，运输距离，也叫流程，指货物或旅客所发生的空间位移的起始地至到达地之间的距离。

第四，运输价格，简称运价，是运输单位重量或体积的货物和运送每位旅客所需的运输费用。

第五，运送时间和送达速度，又称流时和流速，前者是指货物或旅客发生空间位移时从起始地至到达地之间的时间；后者是指货物或旅客发生空间位移时从起始地至到达地之间单位时间内位移的距离。

第六，运输需求结构，是按不同货物种类、不同旅客出行目的或不同运输距离等对运输需求的分类。例如，铁路货物运输分为 28 个品类；旅客运输可分为公务、商务、探亲、旅游等；不同的运输方式通常按运输距离分为短途运输、长途运输等。

2. 运输需求的产生

运输需求按运输服务对象可分为旅客运输需求和货物运输需求。

旅客运输需求一般可分为四类：公务、商务、探亲、旅游。其中，以公务和商务为目的的旅客运输需求来源于生产领域，是与人类生产、交换、分配等活动有关的需求，可称为生产性旅行需求，这种需求是生产活动在运输领域的继续，其运输费用进入产品或劳务成本。以探亲、旅游为目的的旅客运输需求来源于消费领域，可称为消费性旅行需求，其运输费用来源于个人收入。

（三）运输需求的类型

根据研究运输需求的内容和目的的不同，可对运输需求进行如下分类：

1. 按运输对象的不同，可分为旅客运输需求和货物运输需求

旅客运输需求是一种派生需求，它是由于人们的出行需要所派生出来的，即人们的出行行为派生了旅客运输活动。

在现代社会，人们的社会活动频繁，活动的地域范围广阔，除了利用电话、互联网等手段商谈业务以外，在多数情况下，伴随着人们的出行活动。由于活动的地域广阔，除个别近距离者可以步行以外，一般都要利用各种运输工具作为代步工具，所以旅客运输活动派生于人类的出行活动。

现在，人们的旅行包括公务、商务、度假、医疗保健、求学、个人事务（探亲、访友）、体育等类型。其中，以旅游为目的的消遣性旅行者外出的季节性很强，因为除退休者外在职人员几乎都是利用带薪假期时间外出，旅游目的地的气候条件许多也有季节性，但他们对目的地和出行方式有较大的选择自由。公务、商务旅行者占有较大比例，没有季节性，对目的地没有选择自由，对旅行服务要求舒适和方便，对价格不敏感。个人事务旅行者在时间上往往没有自由度，如参加婚礼、开学典礼等，有的则有规律性，如探亲、访友多在传统节假日等。

货物运输需求也是派生需求，它是由社会经济活动这一本源需求引起的。因此，经济因素对货物运输需求的影响是不言而喻的。自然资源分布、生产力布局产生了运输需求；经济高速增长时期，必然产生较强的运输需求；不同国家或地区经济发展不平衡，导致运输需求不平衡；国民经济产业结构和产品结构不同，在运输需求的量与质上要求不同；同一国家或地区经济发展的不同时期，运输需求结构也有相应变化。

2. 按运输需求的范围不同，可分为个别运输需求和总体运输需求

个别运输需求是指在一定时期内，一定价格水平下，许多性质不同、品种不同、运输要求相异的具体需求；总体运输需求是由个别运输需求的总和构成的。个别运输需求是有差异的，但总体运输需求是无差别的，都是实现运输对象的空间位移。

3. 按运输需求产生的地域不同，可分为区域内运输需求、区域间运输需求和过境运输需求

运输需求的起点与终点在同一区域 A，则为 A 区域内的运输需求；运输需求的起点在 A 区域而终点在 B 区域的，为 A、B 区域之间的运输需求；运输需求的起点、终点均不在 A 区域，但运输对象利用了 A 区域内的运输线路完成其位移的，为 A 区域的过境运输需求。

4. 按运输方式不同，又可分为铁路运输需求、公路运输需求、水路运输需求、航空运输需求和管道运输需求以及多种方式的联合运输需求

（四）运输需求的特征

1. 派生性

在经济生活中，如果一种商品或服务的需求是由另一种或几种商品或服务派生出来的，则称该商品或服务的需求为派生需求，引起派生需求的商品或服务需求为本源需求。运输需求是社会经济活动的需求派生出来的，因为货主或旅客提出位移要求的目的并不是位移本身，而是为实现生产或生活的目的，完成空间位移只是其为实现真正目的的一个必不可少的环节。所以，相对运输需求而言，社会经济活动是本源需求，运输需求是派生需求。因此，研究运输需求要以社会经济活动为基础。

2. 规律性

运输需求起源于社会经济活动，而社会经济的发展及增长速度具有一定的规律性，因此，运输需求也具有规律性。通常经济繁荣带来运输需求的增长，经济萧条带来运输需求的下降。在国际运输中，由于运输需求是由世界经济和国际贸易派生出来的，其发展变化同世界经济和国际贸易密切相关，但由于国际贸易和国际运输的特点，往往世界经济活动的兴衰反映到国际运输需求上有一定的时间滞后。

3. 不平衡性

这种不平衡体现在时间、空间和方向上。时间上的不平衡主要起因于农业生产的季节性、贸易活动的淡季和旺季、节假日及旅游季节等。空间和方向上不平衡主要起因于自然资源分布、生产力布局、地区经济发展水平、运输网络布局等，如盛产煤炭的地方多为煤炭运输需求的起始地；具有大型钢铁冶炼企业的地区通常是铁矿石运输需求的目的地等。

4. 个别需求的异质性

这种异质性指的是个别运输需求对运输质量管理和工艺要求不同，对运输方向和运输距离要求不同，对运输时间和运输速度要求不同，对运价水平要求不同等。如煤炭、石油、小汽车这些不同种类的货物对运输质量和运输工艺要求不同；鲜活易腐货物同一般货物在运输速度上要求不同；高价值货物与低价值货物能够承担的运价水平的能力不同等。

5. 部分可替代性

随着现代通信技术的发展，旅客流动的一部分可被替代；在工业生产方面，当原料产地和产品市场分离时，人们可以通过生产位置的确定在运送原料还是运送半成品或产品之间做出选择；某些地区间的煤炭运输可以被长距离特高压输电线路替代等。

二、运输需求函数及其影响因素

（一）运输需求函数

运输需求的大小通常用运输需求量来描述。运输需求量是指在一定时间、空间和一定的条件下，运输消费者愿意购买且能够购买的运输服务的数量。根据研究的目的和范围不同，从时间上说，可以是一年、一个季度、一个月等的运输需求量；从空间上说，可以是一个国家、一个地区、一条线路或一个方向的运输需求量；从运输方式上说，可以是各种运输方式的总需求量，也可以是某种运输方式的需求量；从运输对象上说，可以是总货运需求或分货种的运输需求或客运需求等。“一定的条件”是指影响运输需求的诸多因素，如工农业生产规模和速度、资源分布及生产力布局、运输服务价格、人口等。

（二）影响运输需求的因素

在运输需求函数中，客运需求和货运需求分别有各自的影响因素。

1. 影响客运需求的主要因素

（1）人口数量及构成情况

客运需求的变化与人口数量成正比关系，人口数量的增加必然会带来客运需求的增加。城市的客运需求就要比农村高出许多，我国目前城市化进程的加快，必然会带来更大的旅客交通压力。同时，人口的年龄构成、性别构成、文化程度构成也会对客运的需求产生不同程度的影响。

（2）居民收入水平

运输需求的产生基础在于移动的需要，但必然要有居民支付能力的支持。以人均收入指标反映的居民生活水平的高低对于客运需求的影响很大。居民经济收入的提高，必然会带来更大的探亲访友、旅游观光以及文化娱乐等方面的出行需求。

（3）工农业生产的发展

工农业生产的发展将会带来公务、商务出行的大量增加，由此带来客运需求的大量增加。近年来，随着我国经济的高速增长，地区之间、城乡之间、产销之间的联系日益频繁，人员来往不断增加，客运的需求增长相当迅猛，特别是由于农村运输条件的改善，在很大程度上也促进了农村经济的发展。

（4）人口的地区流动

近年来，在我国由于人口的地区流动所带来的运输压力日益增大。农民工进城打工形成的民工流，学生放假形成的学生流，十一、春节黄金周所形成的旅游观光流和探亲流，形成大量的人口跨地区流动，这种运输需求表现出了极强的时间特征和地域特征。

2. 影响货物运输需求的主要因素

（1）国民经济发展的规模和速度

经济规模的增长，意味着更多的运输需求，产生更多原材料的运输需求、更多生产环节内部的运输需求、更多流通环节的运输需求。经济增长的速度在很大程度上刺激着运输需求的增长速度。一般情况下，运输需求增长的速度要高于经济增长的速度。

（2）经济行业和部门结构

不同的部门、行业对于运输的需求是不同的，可以用产品的运输系数来描述不同产品的运输需求。

产品运输系数＝某种产品的运输量/该产品的生产量

当产品运输系数高的行业和部门在国民经济中的比例增加时，即便此时经济总量没有增加，也会带来运输需求的增加。

（3）生产力布局

生产力布局决定着运输网络的布局，运输网络布局的合理性影响着货流的流向、流量和运输距离，不合理的运输网络布局会导致大量不必要的运输需求，从而增加生产的总成本。所以，在进行生产力布局的同时，合理的运输网络布局必须予以考虑。

（4）运输行业的发展

交通运输业的重要目的是保证最大限度地满足国民经济发展对运输的需要。因此，交通运输作为一个独立的经济部门，在社会再生产过程中处于“先行”的战略地位。这一点早已是世界各国的共识。新的运输工具的出现，运输能力的增加，运输速度的提高和质量的改善，运输成本的下降，都会刺激运输需求的增加。

三、运输需求的价格

（一）需求价格弹性

1. 需求价格弹性的含义

各种商品的需求弹性是不同的，一般用需求弹性的弹性系数来表示弹性的大小。弹性系数是需求量变动的比率与价格变动的比率的比值。如果以 E_P 代表需求弹性的弹性系数，$\Delta Q/Q$ 代表需求量变动的比率，$\Delta P/P$ 代表价格变动的比率，则需求弹性的弹性系数的表达式为：

$$E_P = \frac{\Delta Q/Q}{\Delta P/P} \tag{4-1}$$

2. 需求价格弹性的分类

各种商品的需求弹性不同，根据需求弹性的弹性系数的大小可以把需求价格弹性分为五类：

（1）完全无弹性，即 $E_P=0$

在这种情况下，无论价格如何变动，需求量都不会变动。这时的需求曲线是一条与横轴垂直的线。

（2）需求有无限弹性，即 $E_P=\infty$

在这种情况下，当价格为既定时，需求量是无限的。这时的需求曲线是一条与横轴平行的线。

（3）单位需求弹性，即 $E_P=1$

在这种情况下，需求量变动的比率与价格变动的比率相等。这时的需求曲线是一条正双曲线。

以上三种情况都是需求弹性的特例，在现实中是很少的。现实生活中常见的是以下两种：

（4）需求缺乏弹性，即 $0<E_P<1$

在这种情况下，需求量变动的比率小于价格变动的比率。这时的需求曲线是一条比较陡峭的线。粮食、蔬菜等大多属于此类型。

（5）需求富有弹性，即 $E_P>1$

在这种情况下，需求量变动的比率大于价格变动的比率。这时的需求曲线是一条比较平坦的线。一般工业商品大都属于此类型。

（二）运输需求价格弹性

1. 运输需求的价格弹性含义

运输需求的价格弹性 E_P 反映了运输需求量对运输价格变动反应的程度，表示为：

$$E_p = \frac{\Delta Q/Q}{\Delta P/P} \tag{4-2}$$

式中：Q，ΔQ——运输需求量及其变化值；

P，ΔP——运价及其变化值。

一般情况下，运输需求弹性指的是运输需求的价格弹性。旅客运输需求中，生产性旅行需求的价格弹性较小，尤其是客运中有相当部分运量属于出差等各种形式的公费旅行，这部分运量对运价的弹性比较小。消费性旅行需求的价格弹性较大，但消费性旅行需求要受收入水平高低的影响，人均收入高的国家和地区，由于运输费用占收入的比例小，价格弹性小些，而在低收入的国家和地区，运价的变动对旅行者的影响要大些，故价格弹性要大。然而，在很多国家公共客运长期不进入市场调节的范围，旅客位移不能当作纯粹的商品，而是一种半福利品。在福利价格下，旅客票价仅相当于运输成本的1/3~1/2，交通费用在家庭生活支出中的比重非常小，因而价格变动对交通需求量的刺激是有限的。

货物运输需求的价格弹性往往与货物价值有关，价值小的价格弹性较大，价值大的价格弹性较小。价格弹性的大小还同货物的季节性以及市场状况等有关。例如，当某种货物急于上市销售或不易储存时，其运价弹性小，货主情愿选择运价高、速度快的运输方式，而不去选择运价低、速度慢的运输方式。此外，运输需求与资源分布及工业布局关系极大，它们决定了相当部分的货运量，这些运量一经形成，其运价弹性就比较小。又如，在铁路的货物发送量中，30%左右是运距在200 km以内的，但其中的70%属于铁路专用线的运输，这部分运量已经形成比较固定的运输形式，对运价变动的弹性也比较小。如果希望利用提高铁路短途运价，将一部分运量分散到公路上，使公路在短途零散货运中充分发挥作用，则这种措施对铁路专用线运量的影响是十分有限的。

不同运输市场上客货运输的需求弹性有很大差别，这表现在弹性与具体的运输方式、线路和方向有关。对能力紧张的运输方式、线路和方向，需求的价格弹性显然较小，运价变动尤其是运价提高对需求影响不大；而能力富余的运输方式、线路和方向，需求的价格弹性就较大。

2. 运输需求收入弹性的概念及计算

运输需求的收入弹性E反映了运输需求量对消费者收入变化的反应程度，多用于分析客运需求，表示为：

$$E_1 = \frac{\Delta Q/Q}{\Delta I/I} \tag{4-3}$$

点弹性：

$$\varepsilon_1 = \frac{\mathrm{d}Q}{\mathrm{d}I} \cdot \frac{I}{Q} \tag{4-4}$$

弧弹性：

$$E_1 = \frac{Q_2 - Q_1}{I_2 - I_1} \cdot \frac{I_1 + I_2}{Q_1 + Q_2} \tag{4-5}$$

运输需求收入弹性一般为正值。因客运需求量Q和居民收入水平一般按同方向变动，即居民收入增加时，消费性旅行需求增加；反之，居民收入减少时，消费性旅行需求减少。

客运需求分为两种类型：第一类是派生性需求，是生产和生活过程必要的需求，它是维持生产和消费正常进行的基本需求。即使人们收入水平降低，但为了工作需要仍必须利用交通工具；相反，即使人们收入水平提高，用于上、下班乘坐交通工具的支出也不会提高。第二类是本源性需求，如观光、旅游、赛车等利用交通工具本身就是为了消费。旅游、观光等活动的增加将导致娱乐场所、住宿设施的大量建设以及交通工具的不断改进等。由于客运需求具有派生性和本源性，所以在收入水平很低时，也具有较高的弹性系数值。这说明运输需求的收入弹性与居民收入水平关系并不十分密切，派生性需求占有较大的比重。

在进行交通规划决策时，收入弹性将是其中一个重要的考虑因素。收入弹性大的运输项目，如城市客运，由于其需求量增长较快，所以发展速度应当提高；收入弹性小的运输项目，如农村客运，由于其需求量增长较慢，所以发展速度可以适当放慢。

3. 运输需求的交叉弹性

（1）运输需求的交叉弹性的计算

由于运输服务具有替代性，引入交叉弹性反映一种运输方式、一条运输线路和一家运输企业的运输需求量受可以替代的另一种运输方式、另一条运输线路或另一家运输企业的价格变化影响的反应程度，即一种可替代的运输服务的价格每变化百分之一将引起另一种被替代的运输服务的需求量变化的百分之几，表示为：

$$E_{\mathrm{PYX}} = \frac{\Delta Q_{\mathrm{Y}}/Q_{\mathrm{Y}}}{\Delta P_{\mathrm{X}}/P_{\mathrm{X}}} \tag{4-6}$$

式中：E_{PYX}——价格 X 变动引起需求量 Y 变动的反应灵敏程度。

点交叉弹性：

$$\varepsilon_{\mathrm{PYX}} = \frac{\mathrm{d}Q_{\mathrm{Y}}}{\mathrm{d}P_{\mathrm{X}}} \cdot \frac{P_{\mathrm{X}}}{Q_{\mathrm{Y}}} \tag{4-7}$$

弧交叉弹性：

$$E_{1\mathrm{YX}_{\mathrm{X}}} = \frac{Q_{\mathrm{Y}_2} - Q_{\mathrm{Y1}}}{P_{\mathrm{X2}} - P_{\mathrm{X1}}} \cdot \frac{P_{\mathrm{X1}} + P_{\mathrm{X2}}}{Q_{\mathrm{Y1}} + Q_{\mathrm{Y2}}} \tag{4-8}$$

不同的交叉弹性值具有不同的经济意义。

①交叉弹性为正值：$E_{\mathrm{PYX}}>0$，说明运输服务 X 的价格变动将引起运输服务 Y 的需求的同方向变动。如航空运价提高，会使铁路、水路的运输需求量增加，表明航空运输同铁路运输、水路运输存在可替代性。

②交叉弹性为负值：$E_{\mathrm{PYX}}<0$，说明运输服务 X 的价格变动将引起运输服务 Y 的需求的反向变动。如水运价格提高会使疏港汽车的运输需求量减少，表明这两种相关运输服务存

在互补性，即它们结合使用更能满足消费者的要求。

③交叉弹性为零：$E_{PYX}=0$，说明运输服务 X 的价格变动对运输服务 Y 的需求量没有影响，表明两种运输服务互相独立，互不相干。如航空运价提高，对公路长途运输需求量没有影响，因为航空运输与公路运输无替代性和互补性，两者互不影响。

（2）运输需求交叉弹性的应用

运输需求的交叉弹性与价格弹性、收入弹性一样，在价格和运输量分析中起着重要的作用。

运输行业管理部门或计划部门、运输企业在制定行业、企业的运输发展规划时，应当考虑运输项目的替代性和互补性影响。如对于一条拥有 3 级以上航道的通航河流，在无特殊需要时，一定不要沿河修一条铁路，这是因为运输服务具有替代性（运输需求的交叉弹性为正值），否则就会导致运输资源的浪费。又如港口、火车站的建设要与港口、火车站的集疏运系统协调发展，如果在建设港口、火车站的同时，不发展相应的集疏运系统，就会产生压港、压站现象。轮船和火车运输价格的提高，对港口、车站集疏运系统会产生影响，这是由于运输服务具有互补性（运输需求的交叉弹性为负值）。

（三）影响运输需求价格弹性的因素

1. 影响一般商品需求价格弹性的因素

（1）消费者对某种商品的需求程度，取决于该商品是生活必需品，还是奢侈品

一般来说，消费者对生活必需品的需求强度大而稳定，所以生活必需品的需求弹性小，而且，越是生活必需品，其需求弹性越小。例如粮食、蔬菜这类生活必需品的弹性一般都小，属于需求缺乏弹性的商品。相反，消费者对奢侈品的需求强度小而不稳定，所以奢侈品的需求弹性大。例如到国外旅行这类消费的需求弹性一般较大，属于需求富有弹性的商品。

（2）商品的可替代程度

如果一种商品有许多替代品，那么，该商品的需求就富有弹性。因为价格上升时，消费者会购买其他替代品；价格下降时，消费者会购买这种商品来取代其他替代品。

（3）商品本身用途的广泛性

一种商品的用途越广泛，其需求弹性也就越大；而一种商品的用途越少，则其需求弹性也就越小。

（4）商品使用时间的长短

一般来说，使用时间长的耐用消费品需求弹性大，而使用时间短的非耐用消费品需求弹性小。

(5) 商品在家庭支出中所占的比例

在家庭支出中所占比例小的商品，价格变动对需求的影响小，所以其需求弹性也小；而在家庭支出中所占比例大的商品，价格变动对需求的影响大，所以其需求弹性也大。

某种商品的需求弹性到底有多大，是由上述这些因素综合决定的，不能只考虑其中的一种因素。而且，某种商品的需求弹性也因时期、消费者收入水平和地区而不同。

2. 影响货物运输需求价格弹性的因素

为了发挥价格对供需的调节作用，一般情况下，我们希望市场需求是弹性需求，以便在可能的情况下，采取有效的措施改变市场的需求弹性。因此，了解运输需求价格弹性的影响因素，将有助于制定合理的运输价格。

3. 影响客运需求价格弹性的因素

(1) 旅行的目的

在所有影响客运需求价格弹性的因素中，最重要的因素就是旅行的目的。某些类型旅行的价格弹性远低于其他种类的旅行，特别是商务或公务旅行需求对于运输价格的变化反应比其他原因的旅行要迟钝得多。

(2) 居民的收入水平

在居民的收入水平较高的地区，其运输需求对价格的变动就不敏感，人们旅行时一般只求安全、舒适、快速。而在低收入的地区，运价对旅行者的影响较大，因为经济性是旅客考虑的主要因素之一，在这种情况下，运输需求价格弹性必然要大一些。

(3) 出行的距离

在同一运输方式内部，运距越长，其对价格的敏感程度就越高。因为运输距离越长，运输的总价格就越高，价格变动的百分率所影响的运输费用的绝对量就越大，会给运输消费者的心理上带来一定的影响。这一规律同样适合于货物运输。

四、运输需求效用

(一) 效用与运输产品效用

1. 效用

效用是指商品满足人的欲望的能力，或者说，效用是指消费者在消费商品时所感受到的满足程度。一种商品对消费者是否具有效用，取决于消费者是否有消费这种商品的欲望，以及这种商品是否具有满足消费者的欲望的能力。效用这一概念与人的欲望是联系在一起的，它是消费者对商品满足自己的欲望的能力的一种主观心理评价。

效用是对欲望的满足，效用和欲望一样是一种心理感觉。某种物品效用的大小没有客观标准，完全取决于消费者在消费该种物品时的主观感受。

2. 运输产品的效用

讨论运输产品的效用，实际上是在讨论为什么消费者要购买运输产品，以及运输产品能在多大程度上满足消费者的需求。

一般情况下，消费者购买运输产品是为了在最后的目的地能得到某种利益。自然也有“爱驾车兜风者”和“旅行家”等原因来选择运输产品的，但毕竟是特例。大多数的客运需求是为了达到自己“运动”至某一地的愿望。货运的需求则是来自经济的目的，显然客观上运输实现的是物品的使用价值与价值的统一，但消费者在选择的时候是不会考虑这一点的。货物运输的使用者会把运输当作生产中的一个环节，要花费一定的费用，并总是要使之尽可能地低，以期获得更大的收益。同时，无论是货运还是客运需求，大多有及时性、安全性、舒适性等共性的要求。

（二）效用的基数度量与边际效用递减规律

1. 效用的基数度量

尽管基数效用论对效用的衡量方法令人怀疑，但毕竟这种理论提供了一种衡量效用的实用的方法，还是有很现实的意义。效用可以用总效用和边际效用两个指标来衡量。所谓总效用，是指从消费一定量物品中所得到的总满足程度，用 TU（Total Utility）表示。一般情况下，在单位时间内，消费的商品数量越多，消费者得到总效用就越大。边际效用是指消费量每增加一个单位所增加的满足程度。

2. 边际效用递减规律

下面通过一个例子说明效用的变化过程：一个从来没有坐过飞机的人，第一次要坐飞机的时候，可能会兴奋得睡不着觉，因为他对乘坐飞机有种非常强烈的渴望，而且可能他会为了能够乘坐一次飞机而推掉其他一些重要的事情。用经济学的术语来描述这一次的运输过程的话，就是这次运输的边际效用非常高。但是，随着第二次、第三次乘坐，如果每次出行都是乘坐飞机的话，他可能就不再愿意推掉其他的重要事情来争取乘坐飞机的机会。所以，尽管总效用仍在增加，但是每一次运输消费所带来的满足程度却在下降，即消费量每增加一个单位所带来的满足程度在下降，我们就说边际效用降低了。如果他因多次乘坐飞机而患上经济舱综合征的话，那么就不仅是边际效用下降，而且总效用也会下降，因为此时乘坐飞机对他而言已经是一种痛苦，没有任何的满足感可言了。

那么，为什么边际效用会递减呢？经济学传统上有两种解释：一是从人们主观的满足程度角度分析，当人们消费某种商品的数量逐渐增加时，他们对这种商品的需求欲望与满足程度会随之降低；二是从商品用途的多样性去分析，每种商品都有多种多样的用途，当消费者只有少量此类商品时，按照理性的行为准则，他会将这种商品用于最需要的地方，而当他可以拥有更多此类商品时，他就会将一部分用于其他用途，这就会造成这种商品最后一单位带给消费者的效用一定小于前一单位带来的效用。这就导致了边际效用递减现象的发生。

（三）运输产品消费者剩余

消费者根据边际效用的大小，对不同效用的商品支付不同的价格。效用大的商品，消费者愿意支付较高的价格；效用低的商品，消费者愿意支付较低的价格。同时，商品的效用比较高的时候，消费者愿意支付较高的价格，随着消费数量的增多，商品的效用降低的时候，消费者愿意支付的价格就会降低。但事实上商品的市场价格大多固定在某一价格水平上，并不会根据边际效用取价。这样在消费者愿意支付的价格和商品的实际销售价格之间就会存在一个差额，这个差额被称为消费者剩余。

这一理论很好地解释了需求价格弹性，即为什么价格的降低通常情况下会带来需求量的增加。运输产品也具备一般产品的这种特性。我们应当利用边际效用递减规律和消费者剩余理论，研究消费者需求规律，有助于分析消费者收入水平、心理偏好及本企业条件，以正确制定运输价格、确定运输的质量和档次，做好运量的安排工作，实现社会和经济效益的最大化。

在实际应用中，这一理论有着重要的指导意义。运价的制定不能仅仅考虑运输的成本，还应顾及消费者剩余，以满足社会普遍的运输需求，这一点突出表现在公共运输领域（例如城市公交系统）的运价制定上。公共运输的消费者的收入水平较低，需求价格弹性较大，较高的运价水平会大大降低消费者剩余水平，会削弱消费者对公共运输系统的需求，转而去寻求其他价格更为低廉的运输方式（例如自行车），这就会给城市道路管理带来巨大的压力，但是，如果低价政策带来企业亏损，就应当由政府承担。还有一个比较有意思的例子，就是铁路客运票价的确定采用的是两部分定价法。对于基本的社会普遍服务的要求（仅仅是移动，由硬座席位承担），其消费者主要是较低收入人群，价格弹性较大，采用较低的定价；而较高收入人群的运输需求（不仅仅是移动，而更多考虑的是舒适、安全等，由卧席承担），就采取高水平的定价方式（通常是硬座席位的两倍）。另外，政府在确定指导性的基础运价时，也要考虑消费者剩余的情况，基础价格要定得适当，如果基础价格定得太高，消费者剩余减少；如果基础价格定得太低，运输产品的生产者就没有积极性。

（四）序数效用论、需求的无差异曲线与产品替代

1. 需求的无差异曲线

基数效用论采用效用单位来衡量商品的效用大小时，面临的一个关键问题就是很难确定一个效用单位到底是多少，其标准不好确定。于是，国外的经济学家提出了“序数效用论”（Ordinal Utility），认为消费者主观感受到的满足程度是无法具体衡量的，但是，由于满足有程度的不同，可以采用序数（第一、第二、第三……）来比较效用的大小。例如，公务旅行乘坐飞机所得到的满足程度是高于乘坐汽车的，消费者更加偏好飞机的消费，所以，乘坐飞机的效用在次序上是先于汽车的。因此，乘坐飞机的效用排第一，乘坐汽车的效用排第二。如果乘坐汽车的效用大于喝一杯水的话，那么乘坐飞机的效用也大于喝一杯水，喝一杯水的效用在次序上就应该排第三。用序数来衡量效用回避了效用的具体数值。

序数效用论以消费者偏好为前提，提出了三个假设条件。

（1）偏好的完全性

偏好的完全性指消费者总是可以比较和排列所给出的不同商品组合。换言之，对于任何两个商品组合 A 和 B，消费者总是可以做出，而且也仅仅只能做出以下三种判断中的一种：对 A 的偏好大于对 B 的偏好；对 B 的偏好大于对 A 的偏好；对 A 和 B 的偏好相同（A 和 B 是无差异的）。偏好的完全性的假定保证消费者对于偏好的表达方式是完备的，消费者总是可以把自己的偏好评价准确地表达出来。

（2）偏好的可传递性

可传递性指对于任何三个商品组合 A、B 和 C，如果消费者对 A 的偏好大于 B，对 B 的偏好大于 C，那么消费者对 A 的偏好大于 C。偏好的可传递性假定保证了消费者的偏好是一致的，因而也是理性的。

（3）偏好的非饱和性

如果两个商品组合的区别仅在于其中某种商品的数量不同，那么，消费者总是偏好于含有这种商品数量较多的那个商品组合。这就是说消费者对每一种商品的消费都没有达到饱和点，或者说，对于任何一种商品，消费者总是认为多比少好。

基于这样三个条件，序数效用论提出了无差异曲线的分析方法。无差异曲线就是用来表示消费者偏好相同的两种商品的不同数量组合的曲线。在曲线上任意两点的商品组合，对于消费者而言效用是相同的。

2. 产品替代和运输产品替代

当消费者沿着同一条无差异曲线来变化自己对两种商品的数量组合时，这种组合

的总效用并不发生变化。在总效用不变的情况下，在商品 1 和商品 2 之间存在着一种相互替代的关系，即增加一定数量的商品 1 的需求，就会降低一部分对商品 2 的需求数量。

如果把边际替代率和边际效用递减规律结合起来，就可以发现在一般情况下边际替代率是递减的。即在总效用水平不变的情况下，消费者在选择增加单位数量商品 1 时而愿意放弃商品 2 的数量，会随着对商品 1 拥有数量的增多而不断降低。这是因为当商品 1 的消费数量增加时，消费者对它的偏好程度会下降，或者说商品 1 的边际效用就会降低，而同时商品 2 数量的不断下降，会使得商品 2 的边际效用升高，这就使得边际替代率不断下降，在无差异曲线的图形中就表现为曲线的斜率不断下降，从而曲线凸向原点。当然也有例外的情况，如两种商品是完全替代商品，即这两种商品对于消费者具有完全相同的效用时，那么边际替代率是不变的。再有就是互补关系的商品，如汽车和轮胎之间的边际替代率恒等于零。

运输业的各种运输方式都具有替代性的特征。由于运输的这种替代性，任何一种运输方式价格的变化，都会引导社会资源通过市场方式调节运输需求在各种运输方式间的分配，最终实现运输产业结构的合理化，促使运输资源得到最优配置和充分利用。在前面讨论运输需求价格弹性的时候，在某种程度上已经反映了运输的替代性问题：如果存在满意的替代运输方式，则价格的上升就会导致需求者转向寻求另一种替代的运输方式。因此，能够相互替代的运输方式往往只有较高的价格弹性。

第二节　交通运输供给

一、运输供给概述

（一）供给与供给量

1. 供给

供给是指生产者在某一特定时期内，在某一价格水平时愿意而且能够供应的商品量。供给也是供给欲望与供给能力的统一。供给能力中包括新生产的产品与过去的存货，供给是商品的供给，它取决于生产。

2. 供给表与供给曲线

表明某种商品的价格与供给量之间关系的表就是供给表。供给表实际上是用数字表格的形式来表述供给这个概念。供给曲线是根据供给表画出的表示某种商品价格与供给量关系的曲线，向右上方倾斜。供给曲线实际上是用图形的形式来表述供给这个概念。

3. 影响供给的因素与供给函数

（1）影响供给的因素

影响供给的因素很多，有经济因素，也有非经济因素，概括起来主要有以下七种：

①生产者的目标。在经济学中，一般假设生产者的目标是利润最大化，即生产者供给多少取决于这些供给能否给他带来最大的利润。如果生产者的目标是产量最大或销售收入最大，或者如果生产者还有其他政治或社会道义目标，那么供给就会不同。

②商品本身的价格。一般来说，价格上升供给增加，价格下降供给减少。

③其他商品的价格。在两种互补商品之间，一种商品的价格上升，对另一种商品的需求减少，从而这种商品的价格下降，供给减少；反之，一种商品的价格下降，对另一种商品的需求增加，从而这种商品的价格上升，供给增加。在两种替代商品之间，一种商品的价格上升，对另一种商品的需求增加，从而这种商品的价格上升，供给增加；反之，一种商品的价格下降，对另一种商品的需求减少，从而这种商品的价格下降，供给减少。此外，两种没有关系的商品，一种商品价格的变动也会影响另一种商品的供给。例如，同一个生产者既生产军用品又生产民用品，如果军用品价格上升，生产者则会把资源用于生产更多的军用品，从而就减少了民用品的供给。

④生产技术的变动。在资源为既定的条件下，生产技术的提高会使资源得到更充分的利用，从而供给增加。

⑤生产要素的价格。生产要素的价格下降，会使产品的成本减少，从而在产品价格不变的情况下，增加利润，增加供给；反之，生产要素的价格上升，会使产品的成本增加，从而在产品价格不变的情况下，减少利润，减少供给。

⑥政府的政策。政府采用鼓励投资和生产的政策（例如减税），可以刺激生产增加供给；反之，政府采用限制投资和生产的政策（例如增税），则会抑制生产减少供给。

⑦生产者对未来的预期。如果生产者对未来的经济持乐观态度，则会增加供给；反之，如果生产者对未来的经济持悲观态度，则会减少供给。

影响供给的因素要比影响需求的因素复杂得多，在不同的时期、不同的市场上，供给要受多种因素的综合影响。

（2）供给函数

如果把影响供给的各种因素作为自变量，把供给作为因变量，则可以用函数关系来表示影响供给的因素与供给之间的关系，这种函数称为供给函数。

4. 供给量的变动与供给的变动

在分析供给问题时，同样要注意区分供给量的变动与供给的变动。

供给量的变动是指其他条件不变的情况下，商品本身价格变动所引起的供给量的变动。供给量的变动表现为同一条供给曲线上的移动。供给的变动是指商品本身价格不变的情况下，其他因素变动所引起的供给的变动。供给的变动表现为供给曲线的平行移动。

（二）运输供给

1. 运输供给的概念

运输供给是指在一定时期内、一定价格水平下，运输生产者愿意而且能够提供的运输服务的数量。运输供给必须具备两个条件，即运输生产者出售运输服务的愿望和生产运输服务的能力，缺少任一条件，都不能形成有效的运输供给。

运输供给包含如下四个方面内容：

（1）运输供给

通常用运输工具的运输能力来表示，说明能够承运的货物和旅客的数量与规模。

（2）运输方式

指水运、铁路、公路、航空和管道五种不同的运输方式。

（3）运输布局

指各种运输方式的基础设施在空间的分布和活动设备的合理配备及其发展变化的状况。

（4）运输经济管理体制

它是运输软件的供给，是指指导运输业发展所相应建立的运输所有制结构、运输企业制度、运输资源配置方式以及相应的宏观调节机构、政策和法规等。

运输供给是由现有的社会运输能力所确定的，或者说现有的运输能力是运输供给的基础因素。当现有的运输能力发生变化时，如运输基础设施建设增加、运输工具增加或减少时，运输供给就会发生改变。

2. 运输供给量

运输供给的大小通常用运输供给量来描述。运输供给量是指在一定时间、空间和一定的条件下，运输生产者愿意而且能够提供的运输服务的数量。在这里，“一定的时间、空间”同运输需求量中时间、空间的含义是相同的；“一定的条件”指的是影响运输供给的诸多因素，如政府对运输业的政策、运输服务的价格、运输服务的成本等。

3. 运输供给表与供给曲线

根据运输价格与供给量的关系所列成的表叫作运输供给表。

供给规律的形成是由生产者追求利润最大化的行为决定的，在各种生产要素价格（生产成本）以及其他因素不变的条件下，某种商品价格的上升会使生产者的利润增加，从而促使生产者加大该种商品的投入，增加供给；如果该种商品的价格下降，生产者获利减少，生产者就会将其掌握的生产资源转用到其他商品的生产，从而使该商品的供给减少。

4. 供给与供给量的变化

运输供给是指在不同价格水平下运输生产者愿意且能够提供的运输服务，它表示的是供给量同运价之间的一种对应关系，一个特定的运输供给对应于一条供给曲线。而运输供给量则表示在一确定的价格水平上，运输生产者提供的运输服务数量，它对应于供给曲线上一点。运输供给量的变动就是当非价格因素不变时，供给量随运价变化而沿供给曲线移动，每一运价水平对应一个相应的供给量；运输供给的变动是非价格因素变化时导致的供给曲线的位移，如果供给发生了变动，即使价格不变，运输供给量也会发生变化。

（三）运输供给的特征

1. 运输设施的能力决定着运输供给能力

运输生产活动是通过运输工具使运输对象发生空间位置的变化，不生产新的物质产品。运输产品的生产和消费是同时进行的，它不能脱离生产过程而单独存在，所以，不能像一般工业一样，可以将产品储存起来，这就是运输产品的不可储存性。一般工业可以通过产品储备的形式适应市场供需变化，而运输产品的非储存性决定了运输业不能采取产品储备的形式，而只能采取运输能力储备的形式来适应运输市场变化。

运输业有着固定设备多、固定资产投资大、投资回收期长等特点，运输能力的设计多按运输高峰的需求设计，具有一定的超前量。运输能力的超前建设与运输能力的储备对运输市场来说，既可适应市场需求增长的机遇，也可能因市场供过于求而产生风险。因为运力储备越大，承担的风险越大，适应市场需求的能力也大；相反，运力储备小或没有储备，承担的风险小，但适应市场需求的能力也小，这一点在国际航运市场上尤其明显。

2. 运输供给的不平衡性

运输供给的不平衡主要表现在：①受运输市场运价和竞争状况影响，当运输市场繁荣时，刺激运力投入；当运输市场萧条时，迫使运力退出。②运输需求的季节性不平衡，导致运输供给出现高峰与低谷供给量的悬殊变化。这两方面都带来运输供给量在时间分布上的不平衡。③由于世界经济和贸易发展的不平衡性，运输供给在不同国家（地区）之间也呈现出一定的不平衡性。经济发达国家（地区）的运输供给量比较充分；而经济比较落后国家（地区）的运输供给量则相对滞后。运输供给的不平衡性在我国国内市场上表现得不很明显，而在国际运输市场上表现突出。供给与需求的平衡是暂时的、相对的，而不平衡却是绝对的、长期的。

3. 运输供给使用的不充分性

运输业是特殊产业部门，其生产与消费过程是同时进行的，运输服务的生产过程，既是运输对象发生位移的过程，亦是运输服务的消费过程。但这并不意味着运输产品的生产必然能与运输产品的消费相结合，现实中生产与消费脱节的现象不可避免。如运输需求在运输时间上的规律性、在运输方向上的单向性、个别运输需求对运输工具的适应性等都会导致运力浪费；为实现供需时空结合，企业要经常付出空载行驶的代价，这种由于供给与需求之间在时空上的差异所造成的生产与消费的差异，使运输供给者必须承担运力损失、空载行驶等经济上的风险。所以，运输活动的经济效果取决于供需在时间与空间的正确结合上，这就要求运输企业掌握市场信息，做好生产组织，运用科学管理方法提高企业经营管理水平。

4. 运输供给的成本转移性

同运输生产的时空差异带来运力浪费情况相反的是，运输供给能够在较大范围内超额生产，并不带来成本的明显上升。这种情况在我国各种方式的旅客运输中较为普遍。运输企业可以在成本增加很少的情况下，在需求允许时，增加供给量（运输工具超载），但伴随而来的是运输条件的恶化，运输服务质量的下降，使得本该由运输企业承担的成本部分地转移到消费者身上。运输供给的成本转移还体现在由运输活动带来的空气、水、噪声等环境污染，能源和其他资源的过度消耗，以及交通阻塞等成本消耗也部分地转移到运输业外部的成本中。

5. 运输供给的可替代性与不可替代性

在现代运输业中，铁路、公路、水运、航空、管道等多种运输供给方式同时存在，各种运输方式中的千千万万个运输供给者同时存在，并都有可能对同一运输对象进行空间位移，在这种情况下，运输需求者完全可能根据自己的意愿来选择任何一种运输方式中的任何一个运输供给者，这就是运输供给的可替代性。这种可替代性构成了运输业者之间的竞争。但这种可替代性又是有一定条件的，因为运输需求和运输供给有时空特定性的特点，各种运输方式的技术经济特征不同，发展水平不同，运输费用不同，运送速度不同，在运输总供给中的分工和地位不同，都决定了运输供给的可替代性会受到不同程度的限制。因此，运输供给的可替代性与不可替代性是同时存在的，运输市场的供给之间既存在竞争、垄断，也存在协作关系。

二、运输供给的价格

（一）运输供给的价格弹性

运输供给的价格弹性是指在其他条件不变的情况下，运价变动所引起的供给量变动的灵敏程度。运输供给的价格弹性系数表示为：

$$E_s = \frac{\Delta Q/Q}{\Delta P/P} = \frac{\Delta Q}{\Delta P} \cdot \frac{P}{Q} \tag{4-9}$$

点弹性：

$$\varepsilon_S = \lim_{\Delta P \to 0} E_S = \frac{dQ}{dP} \cdot \frac{P}{Q} \tag{4-10}$$

弧弹性：

$$E_s = \frac{Q_2 - Q_1}{P_2 - P_1} \cdot \frac{P_1 + P_2}{Q_1 + Q_2} \tag{4-11}$$

由于运价同运输供给量同方向变动，所以供给弹性值为正值，这样，供给量对运价变化的反应可以用供给弹性系数的大小衡量：

$E_s > 1$，供给量是富有弹性的；

$E_s < 1$，供给量是缺乏弹性的；

$E_s = 1$，供给是单位弹性的。

供给曲线上的每一点，表示一定的供给状态。根据供给曲线上的特定点，可检验其供给弹性的状态特征，即是富有弹性还是缺乏弹性。

（二）运输供给价格弹性的因素

1. 一般商品供给价格弹性的影响因素

供给取决于生产。影响供给价格弹性的因素比影响需求价格弹性的因素要复杂得多，主要有这样一些因素：

（1）生产时期的长短

在短期内，生产设备、劳动力等生产要素无法大幅度增加，从而供给无法大量增加，供给弹性也就小。尤其在特短期内，供给只能由存货来调节，供给弹性几乎是零。在长期中，生产能力可以提高，因此供给弹性也就大。

（2）生产的难易程度

一般而言，容易生产而且生产周期短的产品对价格变动的反应快，其供给弹性大；反之，生产不易且生产周期长的产品对价格变动的反应慢，其供给弹性也就小。

（3）生产要素的供给弹性，供给取决于生产要素的供给

因此，生产要素的供给弹性大，产品供给弹性也大；反之，生产要素的供给弹性小，产品供给弹性也小。

（4）生产所采用的技术类型

有些产品采用资本密集型技术，这些产品的生产规模一旦固定，变动就较难，从而其供给弹性也小；有些产品采用劳动密集型技术，这些产品的生产规模变动较容易，从而其供给弹性也就大。

在分析某种产品的供给弹性时要把以上因素综合起来。一般而言，重工业产品一般采用资本密集型技术，生产较为困难，并且生产周期长，所以供给弹性较小，轻工业产品，尤其是食品、服装这类产品，一般采用劳动密集型技术，生产较为容易，并且生产周期短，所以供给弹性大。农产品的生产尽管也多采用劳动密集型技术，但由于生产周期长，因此也是缺乏供给弹性的。

2. 运输供给价格弹性的影响

（1）生产要素适应运输需求的范围大小

运输服务就是使运输对象发生空间位移，但由于个别运输需求的差异性，导致运输服务的生产要素的差异性。如果生产要素适应运输需求的范围大，则供给弹性就大；如果生产要素适应运输需求的范围小，则供给弹性就小，如杂货船与油轮相比，杂货船适运货物范围广，在运输市场上便于灵活调配，供给价格弹性大；而油轮专用性较强，较难转移到其他货类市场，因此供给弹性较小。

（2）调整运力的难易程度

一般来说，能够根据价格的变动灵活调整运力的产业，其供给价格弹性大；反之，难于调整运力的，其价格弹性就小。如定期船市场与不定期船市场相比，前者调整运力较困难，供给价格弹性较小，后者调整运力较容易，供给价格弹性较大。

（3）运输成本增加幅度大小

如果一种运输服务增加供给引起的成本增加较大，那么其供给弹性就小；反之，如果增加的成本不大，其供给弹性就大。如旅客运输在满员情况下还能超员运输，其成本随运量变化而增加的幅度小，则供给价格弹性大。相对而言，处于运量饱和的货物运输再增加运量，就必须增加运输工具等，因此带来成本增加幅度大，此时的供给价格弹性小。

（三）运输供给价格弹性的特点

1. 同考察期间的长期有关

运输业是资金密集型产业，有初始投资大、建设周期长、运力储备风险较大等特点，

所以短时间内调整运力不易做到，供给价格弹性较小。但从长期考察，运输市场在运价的作用下，供给与需求会逐步趋于相互适应，表明在长期内运输供给具有足够的弹性。

2. 同运输市场上供需的相对状况有关

当需求量低时，通常运输市场供给过剩，因此具有较大的供给价格弹性；需求量高时，通常运输市场供给紧张，即使价格上升，也无大量供给投入，因此供给弹性较小。

3. 同运价波动的方向有关

运价朝不同方向变化时，运输供给价格弹性大小亦不同。一般来说，运价上涨时，刺激供给增加，运输供给弹性较大；运价下跌时，供给并不情愿退出市场，只有实在难以维持，才被迫退出市场，故供给弹性较小。

4. 同运输市场范围有关

运输经营者往往是分布于各个地区的大小承运人，其行动基本上是相互独立的。各个经营者无力左右运输市场运价，只能在一定的运价水平下采取一定的营运策略。当运价上涨或下跌时，运输公司将采取复运或停运，租进或租出运力，买进或卖出运输工具，推迟或提前报废运输设备等策略以增加或减少运力供给。如果市场形势在较长时期内运价坚挺，这将进一步刺激投资建造新运输设施或工具的兴趣，竞相订造新运输设施或工具以增大供给能力。因此，个别的供给弹性较大。

从整个运输市场考察，可能与个别供给有所不同。在短期内运价上升，虽有租进运输设备、买进运输设备等活动，但是在新运输设备投入市场之前，整个市场的供给量不会有显著增加，其主要增加的运力是复运运输设备和加速运输的结果。当运价上涨并且在一段时间内保持较好的水平时，必然会引起运输工具价格的上升，这时，用巨额投资建造新运输设备的热情会有所减弱。因此，整个市场的供给弹性相对较小。

三、运输供给的结构

（一）水路运输

1. 水路运输的特点

（1）运输能力大、运输成本低、投资少

水运与其他运输方式比较，其优越性之一是量大、效率高，一般万吨轮的货运量可抵四列火车。

水运的港口费用很高，但其船舶运输费用很低。这主要是因为船舶的装载量大、燃料消耗量小。水路运输成本在各种运输方式中是最低的。对于煤炭、石油、矿石、木材、粮食、化肥、钢铁、盐、砂、集装箱等大宗运输，利用水运比铁路、公路、航空运输具有更大更多的优越性。世界上许多大城市都是在水边发展建设起来的。密西西比河和莱茵河两岸建成了工业走廊和成千上万个工厂，充分证明了在水边建设工厂、充分利用水运的经济合理性。我国长江沿岸建成的一批大型钢厂、电厂和化工厂、炼油厂等大型企业，可有效地利用天然水资源，既可降低工业原料和产品的运输成本，又促进了沿江两岸的工农业生产和经济贸易发展。

水路运输航道一般天然形成，不需要太多投资。海上运输航道一般不需要支付费用，内河疏浚的投资也较公路少得多。水路运输的投资主要集中在港口建设和船舶的购置上。

（2）技术速度和运送速度较低

水路运输无论在技术速度上还是在运送速度上都较公路运输和铁路运输低，这是由其运输阻力的特性决定的。船舶要提高航速，其燃料消耗成本都会大幅度上升。水路的运送速度仅为铁路的1/3~1/2，因此不适合运输对时间效益要求高的货物。

（3）时间准确性和灵活性差

水路运输的持续性强，适合长距离的运输，是国际货物运输的主要方式；但易受气候条件影响，时间准确性较差。

水路运输基本上是两点间的运输，受航道限制，灵活性较差，不能实现“门到门”运输，且因其装载量大，必须有其他运输方式为其集散客货。

2. 水路运输的适用范围

水路运输是最经济的运输方式，对大宗原料性物资的运输有着明显优势。我国有丰富的水运资源可以利用，在综合运输体系中水路运输应成为主要运力。其适用范围主要有三点：①国际货物运输；②长途大宗货物的运输；③在综合体系中发挥骨干作用。

（二）铁路运输

1. 铁路运输的特点

（1）运输能力大

铁路输送能力和通过能力大。铁路运输的牵引动力和功率可达数千千瓦，牵引货物列车的重量多在千吨以上。

（2）安全程度高

铁路运输采用了大量的先进技术用于行车控制，有效地防止了列车冲突事故和旅客伤亡事故，大大提高了铁路运输的安全性，其事故率远较公路运输低得多。

(3) 运输的能耗少、成本低

铁路运输的能耗较航空和公路运输的能耗要低得多。

(4) 有较高的技术速度和运送速度

常规铁路列车的技术速度可达 80～100 km/h，准高速列车可达 160～250 km/h，高速铁路可达 300 km/h 以上。但高速化运输会加大铁路运输的燃料消耗和运输成本。在长距离运输中，铁路的技术速度可以得到发挥，但在短途运输中受其自身技术组织因素的影响，运送速度仅是公路运输的 1/5 左右。

(5) 始发终到作业量大、时间长、灵活性差

铁路运输的装卸作业量和成本都较公路运输要高。此外，铁路还要进行编组作业，作业量大，时间长，对铁路运送速度影响较大。这一点在短途运输上的表现尤为突出，造成其短途运输无论是在成本上，还是在运送速度上都较公路运输差。

从技术上讲，铁路沿线的运输需求，铁路虽可满足，但过密的站点会大大降低铁路线路的通过能力和运送速度，所以铁路的站间距应适当扩大。并且铁路列车的运量较大，除少数有专用线的企业外，大多数货物和旅客必须有汽车为其集散客货。

此外，铁路运输还有投资大、建设周期长、计划性和准时性强的特点。在目前和今后相当长的时间内，铁路运输都将作为主要运力存在与发展。

(6) 铁路在综合运输体系中起重要的作用

铁路是保证我国客运通畅的重要运输方式之一，是中长途旅客运输的主要力量。从宏观经济角度看，铁路建设投资对拉动经济增长具有重要的作用。发展铁路运输业可以增加对建材、钢铁、石油、电力、煤炭、机械设备制造及商业等国民经济重要产业的需求，从而带动这些行业加快发展。

从国民经济可持续发展角度看，铁路运输占有明显优势。铁路具有运量大、能耗低、污染小、安全性强、用地省等优点，被誉为“绿色交通工具”，是一种比较理想的运输方式。近几年来，各种交通运输方式发展迅速，竞争日趋激烈，铁路作为国民经济的重要基础设施，与其他运输方式一起，为经济发展、社会进步、提高人们生活质量做出了贡献。但各种运输方式发展不够平衡，铁路供需矛盾并未根本解决。

2. 铁路运输的适用范围

从铁路运输适用的范围看，它主要应承担：①中长距离的运输；②长距离大宗货物的运输，特别是长距离的货物运输；③在联合运输中发挥重要作用，在陆上联合运输中发挥骨干和纽带作用。

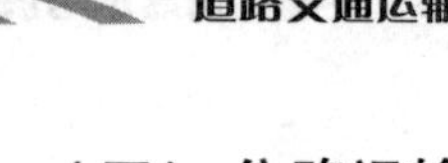

（三）公路运输

1. 公路运输的特点

（1）机动灵活，适应性强，可以实现“门到门”的运输

汽车对路面要求不高，克服障碍能力较强，可以深入广大的农村、山区，并在抢险救灾中被广泛应用。汽车对货运量的要求不高，可以为大批量货物运输服务，也可以满足零星货物运输的需要，既可以完成短途客货运输，也可以承担部分零星的中长距离运输及其他运输方式不能到达情况下的长距离运输。

汽车由于其技术特性决定其可以很好地接近客货源，从而缩短在装卸作业时的搬运距离，减少装卸作业量，降低装卸费用。这在铁路运输、水路运输、航空运输上是做不到的。稠密的公路网和城市公路使汽车的机动灵活性得以充分发挥，可以使汽车无处不在。如果说管道运输、航空运输是“点”上的运输，铁路运输、水路运输是“线”上的运输的话，公路运输则可以称为“面”上的运输，其方便性是其他运输方式不可比拟的。

此外，公路运输的直达性好，运输过程不需要其他运输方式协助就可以实现。而铁路运输、水路运输、航空运输一旦离开汽车为其集散客货就很难进行。

（2）有较高的运送速度

汽车的技术速度在各种运输工具中并不是最快的，它比飞机和火车都慢。但由于汽车可以实现“门到门”直达运输，因此公路运输的运送速度较铁路高，特别是 200 km 以内的短途运输，其运送速度是铁路的 5 倍左右。

（3）初始投资少，资金周转快，易兴办，资金转移的自由度大

公路运输企业的固定资产主要是各种车辆、装卸机械和汽车用场站，而投资最大的公路工程往往由国家投资，具有公用设施的性质，运输企业只要缴纳养路费和过路过桥费。因此，公路运输的初始投资小，并且其生产的协作性比其他运输方式都低，规模可小可大，小的一辆、几辆车，大的可拥有成百上千辆车。公路运输所用车辆设备的用途广泛，在不需用时转移的自由度大，因此从供给弹性来看，比其他运输方式都大。

（4）运输工具载运量小，持续性差

汽车的单位载运量较铁路列车、船舶小得多，因此在人力消耗和运输能力上远远小于铁路和水路运输。出于技术原因，汽车可持续行驶的里程也较铁路、水路运输短得多。

（5）运输成本较高

公路运输成本中燃料消耗、车辆折旧两项要远远高于铁路和水路运输，在长距离运输上不合理。

（6）安全性差，环境污染严重

公路运输的交通事故无论是数量上还是造成的损失总量上都较其他运输方式多。此外，汽车的尾气、噪声对环境的污染也严重。各种运输工具中，对大气污染最严重的首推汽车排放的主要污染物一氧化碳、碳氢化合物、氮氧化合物和铅微粒，这些物质对人类和生物造成了严重危害。

2. 公路运输的适用范围

（1）公路运输是承担短途客、货运输任务的主要运力；

（2）公路运输为其他运输方式集散客货；

（3）鲜活、易腐货物的运输能充分发挥汽车机动灵活、运送速度快的优势；

（4）公路运输在综合运输体系中起补充和衔接的作用。

（四）航空运输

1. 航空运输的特点

（1）高速性

高速是航空运输的最大优势，喷气式飞机时速在 900 km 左右，是铁路运输的 10 倍。在长距离运输上，航空运输的速度优势发挥得最好。但如果运输距离较短，由于航空运输集散客货需要时间，对运送速度的影响较大，高速性就难以发挥，因此航空运输不适合短距离的运输任务。

（2）不受地形限制，可取最短路径

飞机在空中飞行，不受地面障碍的限制，可在两点之间直线运行，运输距离最短。在抢险救灾时，其他运输方式因线路破坏无法到达，航空运输却能将人员、物资送到，这是其他运输方式做不到的。

（3）客运的舒适性强

航空运输的舒适性首先表现为大大缩短旅客的在途时间。

（4）运输成本高

航空运输燃料消耗量大，运输成本在各种运输方式中是最高的，经济性较差。

2. 航空运输的适用范围

航空运输适用于长距离、对时间性要求高的客货和贵重货物的运输以及抢险救灾物资的运输。

第五章　道路交通的运输设备

第一节　道路运输概述

一、道路运输的基本概念

道路运输主要包括城市对外道路运输（也即城际间道路运输）和城市内部道路运输。城市对外道路运输主要指公路运输，城市内部道路运输主要指城市道路运输。

公路运输是指使用公路设备和设施运送旅客和货物的交通运输方式，是交通运输系统的重要组成部分，主要承担短途客货运输。公路运输设备主要是运输车辆，通常就是指汽车。在地势崎岖、人烟稀少，铁路和水运不发达的边远和经济落后地区，公路运输为主要的交通运输方式，起着运输干线作用。公路运输具有的特点为适应性强、建设投资少，受自然条件限制小，能够方便地实现“门到门”直达运输。

二、道路运输的特点和功能

（一）道路运输的特点

1. 道路运输的特点

与其他交通运输方式相比，道路运输具有以下特点：①机动灵活，适应性强；②可实现“门到门”直达运输；③在中，短途运输中，运送速度较快；④原始投资少，资金周转快；⑤运量较小，运输成本较高；⑥运行持续性较差；⑦安全性较低，环境污染较大。

2. 城市道路运输的特点

城市道路运输与铁路运输，航空运输、水路运输等其他交通运输方式不同，前者是“面”的交通，后者是“点”“线”的交通。“面”的交通有更大的机动灵活性，能够深入城市的各个地区、角落，直至“门到门”。城市道路运输的特点表现为以下五点：①人多、车多，城市中有大量的交通集散点、枢纽点，这些地点经常吸引大量人流和形成较为复杂的车流；②交通流在空间上的流动路线和流量经常变化，不稳定，在时间上周期性地形成早晚人流、车流高峰；③交通运输设备类型多，速度不同；④人流和车流之间以及车流和车流之间交叉多，相互干扰大；⑤城市道路运输需要大量附属设施和交通管理设施。

（二）道路运输的功能

基于本身所具有的特点，道路运输包括以下基本功能：

1. 与其他交通运输方式衔接

货物从生产地点到消费地点或旅客由出发地到目的地的全部运输过程，往往需要由几种运输工具分工协作才能完成，并达到经济、合理的运输效果。由于具有机动灵活和“门到门”直达运输的特性，公路运输不仅起到连接其他各种交通运输方式的纽带作用，将其连接成综合运输网络，而且可以最终将客货运输对象送到目的地。

2. 承担中短途运输任务

中短途运输主要包括城间公路客货运输、城市市区与郊区客货运输及厂矿企业内部生产过程运输等。其中短途运输是指运距在 50 km 以内（包括 50 km）的运输；中途运输是指运距为 50~200 km 的运输。

3. 独立承担长途运输任务

由公路运输承担长途运输任务时，一般要求经济运距超过 200 km。虽然发展中国家公路运输的经济运距低于 200 km，但是基于国家政治与经济建设等方面的需要，也常常由公路运输承担长途运输任务。

三、道路运输的发展趋势

（一）公路运输的发展趋势

1. 发展公路智能运输系统

智能运输系统（Intelligent Traffic System，ITS），是将先进的信息技术、数据通信传输技术、电子控制技术以及计算机处理技术等综合运用于整个地面运输管理系统，而建立起的一种在大范围内、全方位发挥作用的，实时、准确、高效的综合运输和管理系统。随着智能运输系统技术的发展，电子技术、信息技术、通信技术和系统工程等高科技将在公路运输领域得到广泛应用，物流运输信息管理、运输工具控制技术、运输安全技术等均将产生巨大的飞跃，从而大幅度提高公路网的通行能力。

2. 公路运输与现代物流日益融合

随着公路运输需求水平的逐步提高，公路货运中小批量、多品种、高价值的货物越来越多，在运输的时间性和服务质量方面的要求越来越高。公路运输加速向现代化物流方向发展和融合，不仅是为了面对国内市场现有的需求，更是为了应对经济全球化潮流带来的压力和挑战。公路运输企业必须增强物流意识，致力于从单纯的客货运公司发展为能够提供多种物流服务的现代物流公司，与现代物流相融合。

3. 集约化经营、规模化发展

随着公路网的完善，特别是高速公路网的形成，按规模化要求实行集约化经营的运输企业日趋增多。集约化、规模化发展是我国公路客运发展战略中公路交通科技发展的方向，公路客运企业应以安全、快捷、舒适为基本要求，提高营运质量，走集约化经营、规模化发展之路。

4. 公路货运向快速、长途、重载方向发展

随着区域经济的发展、一级公路基础设施的完善和车辆的不断改进，中长距离公路运输需求增加，公路货运向快速、长途、重载方向发展。大吨位、重型专用运输车因高速安全，单位运输成本低，成为我国未来公路运输车辆的主力。专用车产品向重型化、专用功能强，技术含量高方向发展。厢式运输车、罐式运输车、半挂汽车列车、集装箱专用运输车、大吨位柴油车以及危险品运输车、鲜活产品运输车、冷藏车等专用运输车辆将围绕实现提高运输效率、降低能耗、确保运输安全这一大目标发展。

（二）城市道路运输的发展趋势

随着城市化逐步走向成熟，我国城市道路运输系统日臻完善。由于城市郊区化和郊区城市化的发展，城市在空间形态上日益呈现出分散化倾向，人流和物流向城市集中的速度减缓，强度变弱，城市中心区的运输供给与运输需求矛盾开始缓解，城市内部交通问题趋于缓和，城市交通体系形成全方位、立体化的格局，交通工具和交通运输方式呈多元性发展，城市内部交通与城市对外交通的衔接逐渐由无序走向有序。人员在城市内的空间位移也可借用地面、高架、地下等方式（地铁、轻轨、城市铁路、公共汽车、无轨电车、有轨电车、私人汽车、磁悬浮列车、轮渡、直升机等），城市道路运输日益高速化、现代化。

随着信息技术的快速发展，未来信息社会的城市将有以下基本特征：第一，城市社会生产生活联系更多地借助通信手段。借助互联网的计算机多媒体系统，人们足不出户，就

能进行工作、交友、购物、娱乐等活动，而以旅游、观光和享受大自然等为目的的出行比例将显著提高。第二，城市产业结构进一步高级化，包括信息技术产业和信息服务产业的信息产业地位大幅度上升。城市由传统的制造中心、贸易中心转变为信息流通中心、信息管理中心和信息服务中心。第三，城市空间结构进一步演变。由于信息传递不再受地理和气候条件的限制，空间距离在约束城市发展中的诸多“门槛”中降低为次要因素，使得生产要素的高度集聚效应弱化，超级城市走向裂解。小城镇及其组成的城市群显示出多方面的优越性。

与信息社会城市的基本特征相适应，城市道路运输将呈现出新的发展趋势。城市道路运输与信息通信业将高度结合，通信将和交通运输一样成为城市社会经济、生活联系的主要手段。信息社会中，人们之间的一些交往已不再需要空间的位移。由于办公家庭化的实现，上下班出勤人数与次数大为减少，困扰目前城市的工作出行量集中的难题会明显缓解。产业结构高级化和空间结构合理化，又会降低城市货物的运输强度。不仅城市产品更加轻薄短小，而且产品运输量在空间上得到更加有效的分散。另外，城市道路运输将实现智能化。计算机和自动控制技术将广泛应用于城市道路、车辆及其管理部门，使得城市交通技术水平和管理水平进一步提高，迈向智能化的新阶段。

总体来说，在进入现代城市发展阶段后，城市交通已经基本形成了以城市道路交通和城市轨道交通为主体的城市公共交通体系。

四、公路交通新技术

（一）全球定位系统（GPS）

GPS 是以人造卫星为基础的无线电导航定位系统，利用天空中均匀分布的 24 颗 GPS 卫星的轨道参数及其载波相位信号，通过地面接收设备接收其发射信息，实时地测定地面接收载体的三维位置。GPS 具有全球性、全天候、连续性等特点，可以进行精密三维导航定位，并具有良好的抗干扰性和保密性。GPS 具有连续精确的三维导航定位能力，这一特性与道路管理监控系统紧密配合，能广泛应用于车辆定位和导航服务中，结合电子地图为车辆驾驶员提供导航服务，同时也可应用于重要货物跟踪，使货主实时了解货物的准确位置。

（二）地理信息系统（GIS）

GIS 是收集、管理、操作、分析和显示空间数据的计算机软硬件系统。它集成了计算

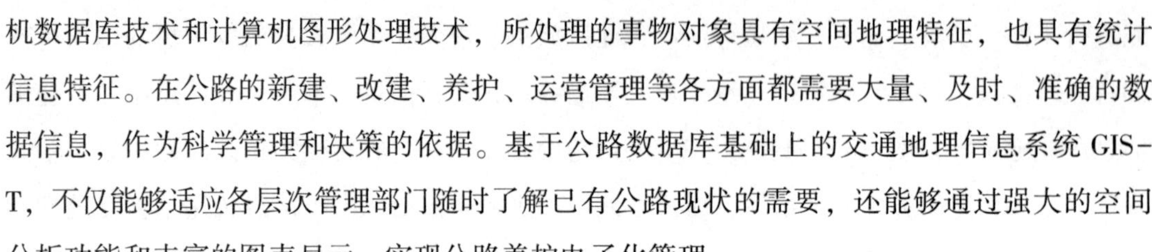

机数据库技术和计算机图形处理技术，所处理的事物对象具有空间地理特征，也具有统计信息特征。在公路的新建、改建、养护、运营管理等各方面都需要大量、及时、准确的数据信息，作为科学管理和决策的依据。基于公路数据库基础上的交通地理信息系统 GIS-T，不仅能够适应各层次管理部门随时了解已有公路现状的需要，还能够通过强大的空间分析功能和丰富的图表显示，实现公路养护电子化管理。

（三）智能运输系统（ITS）

ITS 利用先进的信息通信技术，形成人、车、路三位一体，从而大大提高道路交通的安全性、运输效率和行车的舒适性，并且有利于环境保护。车辆更是融各种高新技术为一体，从辅助驾驶到自动驾驶，从被动安全技术到主动安全技术，智能化水平不断提高。ITS 的总体目标是使交通管理智能化，使道路用户出行更便捷安全，使道路设施最大限度地发挥功能，使多种交通运输方式衔接更加紧密。ITS 可提供出行信息服务，实现紧急救援服务，车辆发生事故时提供自动报警服务，为救援车辆提供路线引导服务等。ITS 可提供车辆安全服务，为驾驶员提供行车环境信息，提供辅助驾驶和自动驾驶服务，提供危险警告服务等。ITS 可提供收费服务，实行自动收费。ITS 可实现交通管理自动化，提供交通管制信息，控制最合理的交通量。另外，ITS 还可促进运输车辆效率化等。

（四）公路建设新材

1. 夜光公路

为加强交通安全，芬兰修建了夜光公路。这条夜光公路采用发光水泥划分车道，铺设各种路面标志，可直接储存日光能量，待到黑夜便闪闪发光，给夜行车辆带来方便，也给城市夜色增添了美景。

2. 移动公路

英国制成了一种可移动的公路。它用铝板连接而成，能够伸缩。哪里的公路坏了，移动公路就被装在专用的平板卡车上运到哪里，作为临时公路。

3. 玻璃公路

瑞士有一条晶莹光滑的玻璃公路。它是用碎石玻璃和细沙等的混合物铺成的公路，不仅光亮醒目，而且增大了摩擦力，便于高速行驶的汽车安全拐弯，避免出现事故。

4. 地毯公路

捷克成功地用聚丙乙烯等材料混合制成 1 cm 厚的宽带状“地毯”，用来覆盖路基。这种地毯熔化后，很快与路基紧密地贴在一起，具有寿命长、造价低、耐腐蚀等特点，还可以减轻车轮磨损。

5. 橡胶公路

加拿大有一条橡胶公路。它是用旧轮胎和橡胶废料加工成橡胶颗粒，拌洒沥青铺在石子路上筑成的。路面有弹性，耐用。夏天不会被太阳晒软，冬天不易结冰，行车十分安全。

6. 塑料公路

挪威奥斯陆附近铺设了一条塑料公路。它是用 5 cm 厚的塑料泡沫铺成的。塑料公路使用期限长，能减轻或消除因路基下部建筑不稳而导致的路基损坏。

7. 消声公路

英国开发出一种新的筑路材料——消声水泥。用这种新材料筑路，可以最大限度地降低接触点的噪声，轮胎与水泥路面产生的噪声比轮胎与热铺沥青公路产生的噪声低 2～3 dB，两者同样具有很好的防滑性能，而且轮胎与水泥路面产生的噪声声调能被人类听觉接受。一般水泥路设计使用寿命为 40 年，但只要铺上薄薄的一层消声水泥，其使用寿命就会增加一倍。

8. 除污公路

除污公路即能清除汽车废气中一氧化碳的环保公路。这种公路的铺路材料是上面有一层氧化铁的水泥块，氧化铁一经阳光照射便产生催化作用，将公路中的 80%的一氧化碳吸收到水泥块表面并转化成硝酸冲走，一氧化碳被反复吸收、反复冲走，且并不影响氧化铁水泥块的永久效用。

第二节　公路线路

一、公路设计的依据及公路等级

公路设计是指根据公路的使用任务、性质和交通量以及所经地区的地形、地质等自然条件来决定公路在空间的位置、线形与尺寸，即公路在平面、纵断面、横断面上的几何形状与各部分尺寸。

（一）公路设计的依据

在进行公路网的规划或确定一条公路的类型、线形的过程中，都必须以公路所经地区

的自然条件和交通资料为依据。在设计中应考虑以下交通数据：

1. 设计车辆

以标准型号的汽车作为设计控制的车辆。

2. 设计车速

它是指在气候正常、交通密度小、汽车运输只受公路本身条件（几何要素、路面、附属设施等）影响的条件下，一般驾驶员能安全行驶的最大车速。设计车速是确定公路几何线形的基本依据，如曲线半径、缓和曲线长度、超高率、视距、路幅等都与设计车速有关。

3. 交通量

交通量是确定公路等级的主要依据。它分为以下三类：①年平均日交通量，它是公路普遍采用的交通计量单位，用全年交通量除以 365 得出；②高峰小时交通量，实际设计中采用一年中第 30 个高峰小时交通量作为设计依据，这个数字相当于年平均日交通量的 1.5 倍；③远景交通量，它是公路改建和新建的依据，可以由现行交通量推算而得。对于交通量的折算，二、三、四级公路一般是混合交通，在算交通量时，将公路上行驶的各种车辆的数量折合成载重汽车的数量，各种车辆的折算系数与行驶速度和其在道路上占用的面积有关。

（二）公路的等级

公路是指连接城市、乡村，主要供汽车行驶的具备一定技术条件和设施的道路。根据公路的作用和行驶性质，公路可划分为国道主干线公路（国道）、省级干线公路（省道）、县级干线公路（县道）、乡级公路（乡道）以及专用公路。

根据任务、功能和适应的交通量，将公路分为五个等级。

1. 高速公路

具有特别重要的政治、经济意义，专供汽车分道行驶，全部控制出入。年平均日交通量/辆 25 000 以上。

2. 一级公路

连接重要政治、经济中心，通往重点工矿区，可供汽车行驶，部分控制出入。年平均日交通量/辆 10 000~25 000。

3. 二级公路

连接政治、经济中心或大工矿区的干线公路；运输任务繁忙的城郊公路。年平均日交通量/辆 2000~7000。

4. 三级公路

沟通县以上城市的一般干线公路。年平均日交通量/辆 200~2000。

5. 四级公路

沟通县、乡、村等的支线公路。年平均日交通量/辆 200 以下。

二、公路线路的平面、纵断面与横断面

(一) 公路线路的平面

1. 公路线路平面及其组成要素

道路是一个三维空间的实体，它的中间是一条空间曲线，中线在水平面上的投影称为线路的平面。

(1) 平曲线半径

汽车在弯道上行驶时，所受离心力的大小与汽车的重量成正比，与平曲线半径的大小成反比。平曲线半径的确定分为曲线设置超高和不设置超高两种情况。

(2) 平曲线超高和加宽

为了使汽车能在小半径曲线上不减速安全行驶，把曲线部分的行车道建成外侧高于内侧的单向横坡，其外侧超出的部分即为平曲线超高。

当曲线半径小于一定数值时，公路弯道上的路面需要加宽。曲线上的路面加宽一般设置在曲线内侧。路面加宽后路基也相应加宽。

(3) 缓和曲线

汽车在由圆曲线进入直线或由直线进入圆曲线时，运动轨迹是一条曲率逐渐变化的曲线。它的形式和长度视行驶速度、曲线半径和司机转动方向盘的快慢而定。这段路线就是缓和曲线。设计缓和曲线，就是要确定它的长度和合理的形式。缓和曲线长度的确定，主要考虑三方面的因素，即驾驶操作从容、旅客感觉舒适，超高的附加坡度不宜过陡，行驶时间不宜过短。缓和曲线的形式主要有回旋曲线式、三次抛物线式、双纽式等。

(4) 平曲线的最小长度

汽车在弯道上行驶时，曲线过短会造成驾驶员的疲劳和横向力对乘客的冲击。特别是在高速行驶时，曲线过短可能造成汽车离开理论行车轨迹过多而发生事故。为了提高公路的使用质量，使行车迅速、安全与舒适，应尽量设置较长的平曲线。

2. 平面视距

在行车中，驾驶员从发现前方障碍物到进行制动或绕避时，车辆所行驶的最短距离称

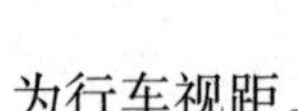

为行车视距。

（1）视距类型

停车视距（路面视距）：汽车在单车道和明显分车道上行驶，遇到障碍物不能绕行，只能刹车停住所需的最短距离。

错车视距：在行车密度不大的双车道上，汽车常在道路中部行驶，发现对向来车时各自驶向本身车道所需的最短距离。

会车视距：单车道上或路面不宽的双车道上，对面的车辆没能及时或无法错车，只能相对停住，避免碰撞所需的最短距离。

超车视距：不同速度的车辆在双车道上行驶时，当快速车追上慢速车以后，需要占用供对向汽车行驶的车道进行超车，为了超车时的安全，驾驶员必须看到前方足够长的车流空隙，以便在对向车道上在出现来车之前完成超车而不妨碍被超汽车，这种快速车超越慢速车后再回到原来车道上行驶所需的最短距离，称为超车视距。

上述四种视距中，前三种属于对向行驶视距，第四种属于同向行驶视距。第四种需要距离最长，而在前三种中，会车视距最长，只要道路能保证会车视距，停车视距和错车视距也就可以得到保证了。

（2）弯道上视距的保证

汽车在弯道上行驶时，弯道内侧的建筑物、树木、路堑边坡等可能妨碍视线，当视距不能满足规定的要求时，应清除视距范围内的障碍物，以保证行车安全。

（二）公路线路的纵断面

1. 公路线路纵断面及其组成要素

沿公路中线的竖向剖面称为纵断面，纵断面的图形称为纵断面图。它反映了公路中线地面高低起伏的情况和设计线路的坡度情况，从而可以看出纵向土石方工程的挖填工作量。纵断面图是公路设计的重要技术文件之一。把纵断面图和平面图结合起来，就能够完整地表达出道路的空间位置。

在纵断面图上，通过路基中线的原地面各点的连线，称为地面线（又称黑线）；设计路的路基边缘各点连线，称为设计线（又称红线）。在公路中线上表示地面各点的标高称为地面标高；在设计线上表示路基边缘各点的标高称为设计标高。在任意横断面上设计标高与地面标高之差，称为该处的施工高度。

公路纵断面的线形要素包括直线（均匀坡度线）和竖曲线两种。坡度线有上坡和下坡之分，是以坡度和水平长度表示的。

纵断面设计是公路线路设计的重要环节，直接关系到公路的造价和使用质量。为保证汽车以一定的速度安全顺利地行驶，纵断面应具有一定的平顺性，起伏不宜过于频繁，尽量避免采用极限纵坡，在较大的纵坡上应限制坡段的长度，保证汽车能以一定的速度上坡或下坡，连续升坡和降坡路段不宜设置反坡或小半径曲线，以保证汽车行驶的平顺和稳定。

2. 纵坡及其设计要求

（1）最大纵坡

最大纵坡是指在设计纵坡时，各级公路允许采用的最大坡度值。它是公路线路设计中的重要的一项控制性指标。最大纵坡由以下三个方面来决定：

①汽车的动力特性。按照道路上行驶的车辆类型及其动力特性来确定汽车在规定速度下的爬坡能力，以规定道路的极限纵坡。

②道路等级。道路等级越高，行车密度越大，则行车速度越快，纵断面的坡度越平缓；相反，在等级较低的道路上，可采用较大的纵坡。

③自然因素。道路所经地区的地形起伏、海拔、气温、雨量等自然因素均影响汽车的行驶条件和爬坡能力。例如，长期冰冻山区，须避免采用大坡，以防止行车滑溜。

（2）平均纵坡

平均纵坡是指在一定长度范围内，公路线路在纵向所克服的高差值和水平距离之比。它是衡量纵断面线形设计好坏的一个重要指标。

（3）合成纵坡

合成纵坡是指在设有超高的平曲线上，公路线路纵坡与超高横坡所组成的坡度。

（4）坡长限制

坡长限制包括两方面的内容：一是最小坡长的限制；二是最大坡长的限制。

3. 整曲线

当纵断面上相邻两条坡度线相交时，出现了变坡点和边坡角。汽车驶过该处时，将受到冲击，行车的平顺性受到破坏。为了缓和这种突变，保证行车平稳和满足视距要求，在变坡点处应设置竖曲线。竖曲线按其转折点在曲线上方和下方分为凸形竖直线和凹形竖曲线。

夜间汽车在小半径凸形竖曲线上行驶时，车头灯的灯光高出路面，很难照到较低的路面障碍物；而在小半径的凹形竖曲线上行驶时，车头灯照在路面上的照距甚短，也影响视距。所以夜间交通密度较大的公路，应采用大的竖曲线半径。

4. 公路线形与景观的配合

高速公路出现以后，人们越来越感到应该将高速公路作为景观的对象来考虑。也就是说，道路设计在满足运动学和力学要求的同时，还必须重视视觉的感受。

公路景观工程包括内部协调和外部协调两方面。内部协调主要是指平、纵线形、视觉的连续性和立体协调性；外部协调则主要指公路与两侧坡面、路肩、中央分隔带的协调设置，以及宏观的路线设置。

对于在公路上行车的驾驶员来说，只有眺望起来具有顺滑的、优美的线形和景观的道路，才能称为舒适和安全的道路。

（三）公路线路的横断面

在介绍路线平面、纵断面时，是把路线当成一条空间曲线来看待的。实际上，公路是具有一定宽度的带状结构物。若在垂直于路线中心线方向上作一垂直剖面，这个剖面就叫作横断面，横断面的图形叫作横断面图。它反映了路基的形状和尺寸。横断面图也是公路的主要技术设计文件之一。

公路线路的横断面包括路面、路肩（路面和路肩构成路基）边坡、边沟、截水沟、护坡道、分隔带以及专门设计的取土坑、弃土坑、植树林等。

1. 路基宽度

路基宽度为路面宽度和两侧路肩宽度之和（一级及高速公路包括分隔带）。

（1）路面宽度

路面宽度就是供车辆直接行驶的公路表面宽度。路面宽度视车道数和每一条车道的宽度而定。车道数根据交通密度、车辆类型和行车速度以及地形来确定，车道一般分为单车道、双车道、四车道和多车道。

单车道指路面为单车道，包括单车道路面和窄路基加错车道两种形式。前者路基可供双车道使用，适用于行车密度小、车速低的地方。后者一般在山区工程特别艰巨的地段使用。

双车道是公路的基本形式，适用于密度较大的各类车辆行驶。

四车道和多车道在交通密度很大时采用。特别是在车型复杂、速度相差悬殊，需要较多错车机会的情况下，中间设分隔带，采用上下分向，快速分道行驶方式。

（2）路肩

路肩设于行车道外侧，除作为路面的横向支承，保护行车道稳定，供临时停放车辆以及行人通行外，还是侧向净宽的一个组成部分，同驾驶员的视觉、心理作用有着密切的关系。充足的宽度和稳定的路肩能给驾驶员宽阔的视野和安全感，有助于增进驾驶员行车的舒适度，使驾驶员避免驾驶的紧张，提高公路的通行能力。各级公路路肩的宽度可查阅有关规范。

路肩分为三部分，即路缘带或路缘石、路肩加固部分和土路肩。

（3）分隔带

为了保证来往两个方向的车辆能高速、安全地行驶，一级公路和高速公路必须在两向的中间设分隔带。常见的分隔带与两边的车行道一般在一个平面，也可因地制宜地布设在一个平面上。

2. 路拱

路拱坡度与路面的粗糙程度有关。路面越粗糙，排水阻力越大，路拱坡度也越大。过大的横坡，虽利于排水，但不利于行车，会引起车轮沿路面横向滑移，尤其是在湿滑的路面处更危险。

由于高速公路和一级公路路面较宽，迅速排除路面降水尤为重要，所以当高速公路和一级公路处于降雨强度较大的地区时，路拱坡度应采用较大值；处于降雨强度严重的地区时，路拱坡度可适当增大。

三、公路的构成

公路是一种线形工程构造物，主要包括路基、路面、桥梁、涵洞、隧道以及交通标志，路面标线和其他辅助建筑物等。

（一）路基

路基是公路的基本部分，是路面的基础，由土质材料或石质材料形成，它的好坏直接影响到公路的质量。路基的基本形式是路堤和路堑。

用混合土或其他材料由人工堆积起来的路基称为路堤，原有地面经开挖而形成的路基为路堑。为适应山坡地形而修筑的路基称为山坡路基，它有多种形式。

（二）路面

公路路面是在路基上用坚硬材料铺筑的供汽车行驶的层状结构物，直接承受车辆的行驶作用力。一般路面分为面层、基层、垫层和土基。

路面按其使用性能、材料组成和结构强度，有高级、次高级、中级、低级之分。常用的路面材料有沥青、水泥、碎石、砾石、砂、黏土等。

在我国公路常用的路面中，碎石路面、砾石路面及加固土路面均只适用于等级不高的公路，日交通量不超过 500 辆；沥青表面处理路面适用于一般或较高等级的公路，日交通量可为 300~1000 辆；沥青灌入碎（砾）石或路拌沥青碎（砾）石路面适用于日交通量为

1000～2000 辆的路面，多在等级较高的公路中采用。

（三）桥梁、涵洞、隧道

当公路跨越河流、沟谷或者铁路，另一条公路交叉时，须设桥梁或涵洞；当公路翻越山岭时，可能需要修建隧道。桥梁有梁式桥、拱桥、钢架桥和吊桥等多种。隧道内应尽可能避免设置曲线，纵坡坡度应在 0.3%～3%范围内，以保证行驶安全和排水通畅。

（四）交通标志

为了保证公路运输的安全运行，除公路工程和车辆性能所要求的设备和条件外，还必须有交通标志、路面标线等各种指挥、显示设施。公路标志用一定的标记绘以图案、简单的文字、号码等，装设在适当的地点，预示前方公路的状况或事故发生的状态，包括指示标志、警告标志、禁令标志、指路标志等。

（五）路面标线

路面标线是在高级、次高级路面上用漆类物质喷刷或用混凝土预制块、瓷瓦等制作而成的一种交通安全设施。它的作用是配合标志牌对交通运输做有效的管制，指引车辆分道行驶，达到畅通和安全的目的。

我国公路路面标线有行车道中线、车道分界线、路缘线、停车线、禁止超车线、导流带、人行横道线、交叉路口中心圈、停车方位线、导向箭头等。

路面标线有连续实线、间断线和箭头指示线三种形式，颜色采用白色或黄色。

四、公路站场

公路站场是公路运输办理客、货运输业务及保管、保修车辆的场所。它是汽车运输企业的技术基地，是基层生产单位，是公路运输网点的重要组成部分。按使用性质的不同，公路站场可分为客运站、货运站、技术站和停车场（库）。

（一）客运站

按位置不同，汽车客运站可分为起点站、终点站和中间站。

中间站办理旅客上下车及行李包裹的托运和交付作业，一般不办理与车辆作业有关的业务，因而设备比较简单，规模也较小。起点站、终点站除办理与乘客有关的业务外，一般还设有保养场，办理车辆的保养和小修作业业务。

（二）货运站

汽车货运站一般规模都比较小，以适应汽车运输的灵活性。汽车货运站多设于仓库、工业区或铁路货运站、货运码头附近。

汽车货运站分为两类：一类是运输整车货物的运输公司的基地。它由办公用房和停车场组成，车辆较多时还设有保养场甚至保修厂。另一类是以零担货物运输为主要作业的车站。它与第一类货运站的不同之处是它设有仓库和货物存放场地。

（三）技术站

汽车技术站的主要任务是对汽车进行保养和维修。按作业性质不同，汽车技术站分为保养场、修理厂、保养和修理合二为一的厂站。

（四）停车场（库）

停车场（库）的主要任务是保管停放车辆与保管运输车辆，是公路运输站场的一部分。停车场（库）从建筑形式上可分为暖式车库、冷式车库、车棚和露天停车场四种，我国较为普遍采用的是露天停车场。为节约用地，城市市区应该广泛采用地下车库和多层车库。汽车停车场内的平面布置要方便车辆的进出和进行各类维护作业，多层车库和地下车库还须设有斜道和升降机等，以方便车辆出入。

另外，一般情况下，客、货车站兼办部分车辆技术作业，即成为混合型车站。

五、公路交叉

公路与公路或铁路相交的地方称为交叉口。它是交通的“咽喉”，各种车辆和行人都要在交叉口处汇集。线路交叉可分为平面交叉和立体交叉两大类。

（一）公路与公路的平面交叉

1. 一般要求

（1）线路交叉部分的计算行车速度，应符合各级公路的计算行车速度规定。所谓计算行车速度，通常是指各级公路的设计车速乘以不同的折算系数。

（2）交叉口应选择在地形平坦、视线开阔的地方。交叉路段应尽量采用直线，并尽量正交，当必须斜交时，交叉角应大于45°。

（3）平面交叉地点宜设在水平段，紧接水平段的纵坡应不大于3%，在山岭工程艰巨地段应不大于5%。

(4) 在交叉公路上的汽车，在距交叉点前后相当于交叉公路要求的停车视距范围内应能互相看得到。当条件受到限制时，应设置限制速度的标志。

(5) 交叉口的竖向布置要符合行车舒适、排水通畅的要求，要使相交公路在交叉口内有平顺的共同面，使地面水能及时排泄。

2. 平面交叉口的类型

平面交叉口的形式取决于道路网的规划、交叉口用地及其周围建筑的情况、交通量、交通性质和交通组织。常见的平面交叉口有简单交叉口、扩展路口式交叉口及环形交叉口。

(1) 简单交叉口

所谓简单交叉口，是指平面交叉中，对交叉口既不做任何特殊处理，又不进行交通管制的交叉口。在这种交叉口处行驶的车辆不受任何限制，各自按照交通规则行驶。

简单交叉口适于交通量小、车速低的次要道路或地方道路相连接的交叉口。如果斜交角度不大，简单交叉口也适用于转弯交通量较小的次要公路与比较重要的地方公路的连接。

(2) 扩展路口式交叉口

在交通量较大、转弯车辆较多，而交叉口的通行能力不能满足交通量的需要时，可采用增设行驶车道和变速车道，以适应车辆临时停候和变速行驶。扩展路口式交叉口可以单辟右转弯车道或左转弯车道，也可以同时增辟左转弯车道和右转弯车道，以提高通行能力。

(3) 环形交叉口

在交叉口的中央设置中心岛，围绕中心岛设置汽车环道。所有进入环道的车辆，一律按逆时针方向环绕中心岛单向行驶，直至行至所要去的路口驶出环道。

当非机动车和行人较多时，不宜采用环形交叉口。因为它不但增加了非机动车和行人在交叉口的行程，而且环道进出口会被大量的非机动车和人流包围，使机动车进出环道困难，影响机动车车速和连续运行，通过能力下降，甚至造成交通阻塞。

(二) 公路与公路的立体交叉

立体交叉是两条道路在不用高度（空间）上相互交叉的形式。在立体交叉上须设置跨线桥，一条道路自桥上通过，另一条道路自桥下通过，彼此互不干扰。桥上及桥下的通道由匝道连接，匝道是为相交路线互相通车而设置的联络道。

立体交叉是保证车辆迅速、安全、不间断地通过交叉口的有效措施。一般可在下述情况下采用立体交叉：①一级公路与其他各级公路相交时；②其他各级公路通过交叉口的交通量（饱和小时交通量）超过1000辆/时；③当地形和环境适宜时，比如各级公路在3 m以上挖方地段与其他公路交叉，或较高的桥头引道与滨河路线交叉等。

1. 立体交叉的组成

（1）跨线桥

跨线桥是立交的主要结构物，是指立交实现车流空间分离的主体构造物，包括设于地面以上的跨线桥和设于地面以下的地道。

（2）主线

主线是组成立交的主体，指相交道路的直行车行道。

（3）匝道

匝道是为高速公路同其他公路互相通车而专门设置的联络道，是立交的重要组成部分。匝道同高速公路或相交路线的交点称为匝道终点。

（4）入口和出口

由高速公路驶出，进入匝道的路口称为出口；由匝道驶出，进入高速公路的路口称为入口。“出”和“入”都是就高速公路而言的。

（5）变速车道（加速车道和减速车道）

变速车道指为适应车辆变速行驶的需要，在主线右侧的出入口附近设置的附加车道。出口端为减速车道，入口端为加速车道。

（6）辅助车道

在主线的分、合流附近，为维持主线的车道数平衡和保持主线的基本车道数而在主线外侧增加的附加车道称为辅助车道。

（7）集散车道

为了减少车流进出高等级道路的交织和出入口数量，在立体交叉范围内主线的一侧或两侧设置的与主线平行且分离的专用道路称为集散车道。

立体交叉的范围一般是指各相交道路出入口变速车道渐变段顶点以内包含的主线与匝道的全部区域。

2. 立体交叉的基本类型

按有无匝道相连，立体交叉可分为分离式立交和互通式立交两种。

（1）分离式立交

仅设跨线桥一座，使相交道路在空间上分离，上下道路无匝道连接。这种立交不增占土地，设计构造简单、造价低，但相交道路的车辆不能转弯行驶，只适用于高速公路与铁路或次要道路之间的连接。

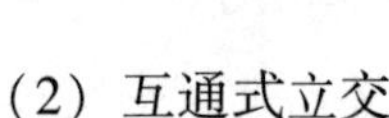

（2）互通式立交

不仅设跨线桥使相交道路在空间上分离，而且上、下道路用匝道相连接，以供转弯车辆行驶。这种立交车辆可转弯行驶，全部或部分消灭了冲突点，各方向行车干扰较小，但结构复杂、占地多、造价较高。互通式立交主要有部分互通式立交、完全互通式立交和环形立交三种形式。

①部分互通式立交

相交道路的车流轨迹线之间至少有一个平面冲突点的交叉。部分互通式立交的代表形式主要有菱形立交和部分苜蓿叶式立交等。

菱形立交的特点是：能保证主线直行车辆快速通行；转弯车辆绕行距离较短；主线上具有高标准的单一进出口，交通标志简单；主线下穿时，匝道坡度便于驶出车辆的减速和驶入车辆的加速。菱形立交形式简单，仅需一座架线桥，用地少，工程费用低，但次线与匝道连接处为平面交叉，影响了通行能力和行车安全，只适用于高速公路与次要道路相交的场合。

部分苜蓿叶式立交又可细分为多种形式，可根据转弯交通量的大小或场地的限制情况，采用其中任何一种形式或其他变形形式。这种部分互通式立交特别适合用于高速公路与次要道路相交的场合，当用地或地形等受限制时，也可考虑采用这种类型的立交。

②完全互通式立交

完全互通式立交是指道路的车流轨迹线全部在空间分离的一种立体交叉。它是一种比较完善的高级形式，各转向都有专用匝道，适用于高速公路与高速公路以及高速公路与其他高等级道路的交叉，代表形式有喇叭形、苜蓿叶形、子叶形、Y 形。

喇叭形立交是三路立交的代表形式，可分为 A 式和 B 式。经环圈式左转匝道驶入主线为 A 式，驶出主线为 B 式。喇叭形立交的特点是：只需一座构造物，投资省；无冲突点，通行能力大，行车安全；造型美观，行车方向容易辨认。

苜蓿叶形立交形状酷似苜蓿叶，交通运行连续而自然，无冲突点，多用于高速公路之间的交叉。

子叶形立交只需一座构造物，造型美观，造价低，多用于苜蓿叶形立交的前期工程，布设时以使主线下穿为宜。

Y 形立交的特点是：转弯车辆的运行速度较高，无交织，无冲突点，行车安全；行车方向明确，路径短捷，通行能力大；主线外侧占地宽度较小，但需要构造物太多，造价较高。

③环形立交

环形立交是相交道路的车流轨迹线因匝道数不足共同使用而形成的具有交织路段的立

体交叉，适用于主要道路与一般道路的交叉，以用于五条以上道路交叉为宜。这种立交能保证主线直通，交通组织方便，无冲突点，占地较少。

对于立体交叉，应根据相交公路的等级、使用性质和转道车辆的数量，并结合交叉口的地形、自然条件和占地情况等，做出全面的技术经济比较，选定经济合理的设计方案。

（三）公路与其他道路的交叉

1. 公路与农村道路相交

为了保证汽车与非机动车的行驶安全，大车道、机耕道与一级以上公路相交时，必须采用立交；与二级公路相交时，也可采用立交；与三、四级公路相交时一般应采用平交，在地形条件特别有利时也可采用立交。

2. 公路与铁路相交

公路与铁路交叉时，应根据公路的使用性质、交通情况、规划断面和其他特殊要求，以及铁路的使用性质、运行情况、线路数、有无调车作业（作业次数和占用时间）等情况来考虑是采用平交还是采用立交，或者近期做平交而远期改建立交。

公路与铁路平交时，交叉路线应为直线，并尽量正交；必须斜交时，交叉角不宜小于60°，在特殊困难地段也不得小于45°。

3. 公路与管线交叉

公路与管线交叉包括公路与地面杆线交叉、公路与地下管线交叉等。这些管线除和公路产生交叉外，还常与公路平行敷设，距公路一般也都较近。在公路测设时，应根据公路的性质、地形和地物的条件，使公路与管线相隔必要的距离，以保证在平时、维修时和发生事故时不致相互干扰。

第三节　高速公路

一、高速公路概述

（一）高速公路的概念

高速公路是专供汽车分向、分车道行驶，并全部控制出入的多车道公路。高速公路按其功能可分为城市内部高速公路和城市间高速公路两大类；按其距离长短可分为近程高速公路（500 km 以内）、中程高速公路（500～1000 km）和远程高速公路（1000 km 以上）三类；按其布局形式分为平面立体交叉高速公路、路堤式高速公路、路堑式高速公路、高架高速公路和隧道高速公路。

高速公路能适应的年平均日交通量宜在 25 000 辆小客车以上，为具有特别重要的政治、经济意义的，专供汽车分道高速行驶并全部控制出入的公路。

（二）高速公路的功能与特点

1. 高速公路的功能

（1）封闭，全立交，严格控制出入

高速公路实行的是一种封闭管理，各种车辆只能通过互通式立交的匝道进出。

（2）汽车专用，限制通行

高速公路只供汽车专用，不允许行人、牲畜、非机动车和其他慢速车辆通行。一般规定速度低于 50 km/h 的车辆不得上高速公路，在高速公路上最高速度不宜超过 120 km/h。

（3）设中央分隔带，分道行驶

高速公路一般有四个以上车道，实行上下车道分离，渠化通行，隔绝对向车辆的干扰。通过路面交通标线分隔不同车速的车辆，以保证高速公路的连续畅通。

（4）有完善的交通设施与服务设施

高速公路能满足驾乘人员在路上的多种需求，设有各种安全、通信、监控设施和标志；沿线实行交通限制，规定汽车专用。

（5）实行分隔行驶

高速公路对向车辆中间设分隔带，同向车辆至少两车道以上，并画线行驶。

（6）严格控制出入

高速公路采用较高的线形标准和设施完善的交通安全与服务设施，从行车条件和技术上为安全、快速行车提供可靠的保障。

2. 高速公路的特点

一般公路车速低、通行能力差的主要原因有混合交通车流内部干扰大，对向车辆无分隔行驶、侧向干扰大等。高速公路具有汽车专用、分隔行驶、全部立交、控制出入以及高标准设施完善等优点，成为一种新型的交通手段。与一般公路相比，高速公路具有车速高、通行能力大、运输费用省、行车安全等优点。归纳起来，高速公路主要有以下六个方面的特点：

（1）行车速度高

大部分国家，包括我国的高速公路最高速度一般为 120 km/h，个别国家为 140 km/h。

（2）通过能力大

一般双车道公路的通行能力为每日 5000～6000 辆；而一条四车道高速公路每日为 34 000～50 000 辆，六车道高速公路和八车道高速公路每日为 70 000～100 000 辆。

（3）设置分隔带

分隔带由中央分隔带和两侧路缘带组成。

（4）立体交叉

原则上高速公路与其他各级公路相交时，都应设置立体交叉，只有在个别特殊情况下才允许设置平面交叉。

（5）控制出入

交通设施完备，服务设施齐全。

（6）特殊工程多

由于高速公路设计标准要求高，修建高速公路时，往往要修建许多桥梁和隧道；在市区，往往要修建高架桥。

（三）高速公路的作用和经济效益

1. 直接经济效益

（1）缩短运输时间，提高汽车使用效率带来的经济效益。

（2）节约行驶费用，包括油耗、车耗、轮耗等方面的节约带来的经济效益。

（3）减少货物运输损坏、节省包装、装卸等费用带来的经济效益。

（4）降低事故率所减少的经济损失。

2. 间接经济效益

（1）促进全社会的生产和运输的合理化。

（2）促进沿线的经济发展和资源开发。

（3）加速物资生产和产品流通。

（4）促进水路、铁路与高速公路的联运。

（5）有利于城市人口的分散和卫星城镇的开发。

另外，高速公路，特别是城市的地下高速公路，为战时运输和城市紧急疏散以及空防提供了有利条件，在国防和军事上有着重要意义。

二、高速公路的沿线设施

高速公路的沿线设施包括交通安全设施、服务设施、环境绿化设施以及交通控制及管理系统。这些设施是保证高速公路行车安全和调节恢复驾驶员和乘客疲劳，方便旅客、保护环境不可缺少的重要组成部分。

（一）交通安全设施

1. 安全护栏

安全护栏是为防止车辆驶出路外或闯入对向车道，而沿高速公路边缘或在分隔带上设置的一种安全防护设施，是一种重要的交通安全设施。

安全护栏按结构不同可分为刚性护栏、半刚性护栏和柔性护栏三类。

（1）刚性护栏

这是一种基本上不变形的护栏。它利用失控车辆碰撞后爬高并转向来吸收碰撞能量。混凝土护栏是刚性护栏的主要形式，是一种以一定形状的混凝土块相互连接而组成的墙式结构。

（2）半刚性护栏

这是一种连续的梁柱式护栏结构，具有一定的刚度和柔性，利用土基、立柱、横梁的变形来吸收碰撞能量，并迫使失控车辆改变方向。波形梁护栏是半刚性护栏的主要形式，是一种以波纹状钢护栏板相互拼接并由立柱支撑而组成的连续结构。

（3）柔性护栏

这是一种具有较大缓冲能力的韧性护栏结构。缆索护栏是柔性护栏的主要形式，是一种以数根施加初张力的缆索固定于立柱上而形成的结构，主要依靠缆索的拉应力来抵抗车辆的碰撞，并吸收碰撞能量。

2. 防眩设施

汽车前照灯产生的眩光是危害公路夜间行驶的主要因素，尤其是在高速公路上，由于车速很高，在夜间对向车前照灯对驾驶员的炫目和视距的影响会更加严重。目前解决汽车前照灯眩光问题的行之有效而又经济可行的做法是在高速公路上设置防眩设施。

我国高速公路上广泛应用的防眩设施主要是防眩板，其次是树、防眩网。防眩板是一种经济、美观，对风阻挡小、积雪少、对驾驶员心理影响小的比较理想的防眩设施。

3. 防噪设施

（1）隔音墙

通常墙高 3~5 m，多用隔声水泥板或混凝土组合托架。

（2）遮音堤

路两旁设土堤，便于绿化。遮音堤的高度以能挡住最高受音点为宜，堤上种植植被。

(3) 降音林带

一般宽 10~20 m，隔音效果好，但占地较多。

4. 隔离设施（隔离栅）

隔离设施又可称隔离栅，是阻止人畜进入高速公路、防止非法占用公路用地的基础设施。它可有效地排除横向干扰，避免由此产生的交通延误或交通事故，保障高速公路效益的发挥。

隔离设施有金属网、带刺铁丝网和常青绿篱三大类。常青绿篱在南方地区与带刺铁丝网配合使用，具有降噪、美化路容和节约投资的功效。

5. 照明设施

高速公路的照明费用较高，一般郊外不设置照明设施，只有在接近市区和所有立体交叉处才采用全照明或局部照明。经验证明，增加照明高度（过去为 7.5 m，现在为 12~15 m）使驾驶员环视周围清楚得多，光线均匀，减少目眩，而且可以减少灯柱数量，节省电力和费用。

采用高灯塔可得到亮度大的照明区。这种装置将 5~10 座特殊照明设备装在 33 m 的高塔上，以代替过去立体交叉地区灯柱林立的状态。驾驶员不仅能看清道路，而且能看清楚整个立体交叉。每一座高灯塔可发出一种柔和而又不炫目的光线，使人像在月光下一样能看清约 300 m 的照明范围。

6. 道路标志

(1) 交通标志

为交通安全，行车顺利、舒适，使驾驶员能事先知道道路交通准确情况所设置的标志设施。它包括以下四种：①警告标志：急弯、陡坡等。②禁令标志：禁止通行、车辆限制等。③指示标志：指示车辆、行人行进和停止的标志。④指路标志：表示行政区划分界，地名或名胜古迹位置距离，预告中途出入口、沿途服务设施等。

(2) 信号标志

用灯光信号或以文字、图形显示的色灯信号进行交叉口的交通管理，一般常用绿、红、黄三色。

(二) 服务设施

所谓高速公路服务设施，是指设置在高速公路上，为高速公路使用者提供服务的服务区。服务设施包括服务区（加油站、休息室、小卖部、厕所等），停车区（停车场、电话亭等）和辅助设施（养路站园地等）。

服务区的基本布置形式分为分离式和集中式。分离式是将停车场布置在主线的两侧，与主线分离，而不是集中布置在主线一侧或两车行道的中央，后者为集中式。另外，根据餐厅是紧靠车道的内侧还是外侧，分离式服务区又分为内向型和外向型。当高速公路实施收费管理时，需要建收费站。

（三）环境绿化设施

当前，公路美学已成为设计的重要方面，所以高速公路的线形与结构物应特别注意与周围优美景观及生态环境的协调，尽量减少施工痕迹或通过和谐的修复与绿化来恢复天然景观。高速公路的两侧应进行绿化，种植风景林和防护林，美化路容。

中央分隔带应种植高 1.2~1.4 m 的常绿树木，以美化景色并避免对向汽车灯光炫目，影响驾驶员的视度，但在弯道内侧种树，不得妨碍行车视距的要求。

（四）交通控制及管理系统

现代化的交通控制及管理系统，用电子计算机控制及信号自动化来监视路段内的交通情况，迅速测出交通堵塞情况和交通事故，通过发出交通信息变换标志和无线电行车信号，告知驾驶员有关信息，以便将汽车开到合适的公路上并保证交通畅通。正确掌握道路上的交通状况是研究交通控制及管理系统的先决条件，除需要掌握与测定交通量外，还须测定交通速度、交通密度等，以检验交通堵塞情况。目前交通监视方法有以下四种：

1. 检测器监视

高速公路沿线埋大量检测器，并与中心计算机联系，根据检测器读数可以判断是否发生了偶然事件，如果发生了事故，则自动发出警告。

2. 工业监视

在高速公路进出口、立交处安设摄像机，将录制的交通情况送控制中心，可及时发现问题。

3. 通信联系

沿高速公路安装电话系统，或给驾驶员配备发报机，一旦发生事故，可通过电信与有关部门取得联系。

4. 巡逻

定期派出装有收发报机的巡逻车，并携带简便修理机具，可以及时检修事故车辆。

第四节　道路运输车辆

一、汽车的类型

出于不同的需要，对汽车有很多不同的分类方法。

汽车按动力装置形式分为活塞式内燃机汽车、电动汽车、燃气轮机汽车和混合动力汽车；按对道路的适应性分为普通汽车和越野车；按用途分为载客车、货车和特种用途的汽车。

（一）载客车

载客车是专门用作人员乘坐的汽车，按其座位多少又可分为轿车、客车和旅游车等种类。

1. 轿车

轿车是除驾驶员外乘坐 2~8 人的小型客车。轿车按发动机的工作容积（排量）大小分为微型（1 L 以下）、轻型（1~1.6 L）、中型（1.6~2.5 L）和大型（2.5 L 以上）。另外，轿车还可以分为普通轿车、高级轿车、旅游轿车和活顶轿车。

2. 客车

除驾驶员外乘坐 9 人以上的载客车为客车。客车有单层、双层形式，并可按总质量、总长度分为不同类型。

（1）旅行客车

旅行客车有小型、中型之分，座位数不超过 20 个。根据外观形状，我国将旅行客车俗称为“面包车”。旅行客车机动灵活，有较高的乘坐舒适性。

（2）城市客车

城市客车是行驶于城市和城郊的大型客车。最常见的一种城市客车为城市公共汽车。城市公共汽车车厢中除设有座位外，还有供乘客站立和走动的较宽通道。有的城市公共汽车的车厢分上、下两层，上层全部设座位，下层有座位和站位。双层城市公共客车较单层城市公共客车的载客数多，但重心较高，行驶稳定性较差。

（3）公路客车

公路客车行驶于城市间或乡镇间公路线上的大型客车，可分为长途客车和短途客车。

长途客车的运距达数百公里，有的车厢内全部设座位、有的全部设铺位，所以俗称“卧铺车”。它还有存放乘客随身行李的行李架或行李仓。短途客车的运距仅数十公里，车厢内除设有座位外，还有站位。

（4）游览客车

游览客车供游览、观光乘坐。游览客车座位间距较大，乘坐舒适，视野广阔，一般都有通风、取暖和制冷设备。高级的长途游览客车还有卧铺、卫生间、厨房和文娱室等。

（5）校车

校车是用于运送学生往返学校的交通工具，具有优先通行权。

（6）房车

房车是舒适豪华的客车，具有良好的住宿条件和完备的生活设施。

（7）特制专用客车

特制专用客车是根据需要特别定制的专门用车，如指挥车、机场摆渡车、采血车、救护车、消防车、商务车等。

城市客车按车辆长为主参数分为以下四种：

①特大型城市客车：13 m<车辆长≤18 m 的铰接客车，10 m<车辆长≤12 m 的双层客车。

②大型城市客车：10 m≤车辆长≤12 m 的客车。

③中型城市客车：7 m<车辆长≤10 m 的客车。

④小型城市客车：3.5 m≤车辆长≤7 m 的客车。

特大型城市客车分超 1 级、高级、中级、普通级四个等级；大型城市客车分超 2 级，超 1 级、高级、中级、普通级五个等级；中型城市客车分超 1 级、高级、中级、普通级四个等级；小型城市客车分高级、中级、普通级三个等级。

（二）货车

1. 按用途和使用条件分类

由于货车所载运的货物品种较多，装载量及车厢的结构也各有不同，因此过去常按用途和使用条件将货车分为普通货车和专用货车两大类型。

（1）普通货车

普通货车具有栏板式车厢，可运载各种货物。

（2）专用货车

专用货车通常由普通货车改装而成，其车厢是为专门运输某种类型的货物而设计的。专用货车具备专用功能，用于承担专门运输任务。专用货车主要包括汽车列车、冷藏保温车、集装箱运输车等。

①汽车列车

汽车列车是指一辆汽车（货车或牵引车）与一辆或一辆以上挂车的组合。汽车为汽车列车的驱动车节，称为主车；被主车牵引的从动车节称为挂车。牵引车是专门用来牵引挂车、半挂车和长货挂车的主体。

半挂牵引车是装备有特殊装置、用于牵引半挂车的商用车辆。此类车辆可以通过改变其后部的挂车来装载各种集装箱和大型设备。

全挂牵引车是一种牵引牵引杆式挂车的货车。它本身可在附属的载运平台上运载货物。

②冷藏保温车

冷藏保温车是指装有冷冻或保温设备的厢式货车，通过制冷装置为货物提供最适宜的温度和湿度条件，以此满足对温湿度有特殊要求的货物的运输需要。

③集装箱运输车

集装箱运输车是指专门用来运输集装箱的专用汽车。

集装箱运输车是根据集装箱的箱型、种类、规格尺寸和使用条件来设计的，一般分为载货汽车和拖挂车两种。

集装箱牵引车本身不具备装货平台，必须与挂车连在一起使用。基于不同的角度，集装箱牵引车有不同的分类。按其车轴的数量分，集装箱牵引车有 3~5 轴的、有单轴驱动至 3 轴驱动的；按其用途分，集装箱牵引车有箱货两用、专用，能自装自卸；按挂车结构分，集装箱牵引车有骨架式、直梁平板式、阶梯梁鹅颈式等；按其驾驶室的形式，集装箱牵引车可分为平头式和长头式两种。

挂车本身没有动力装置，需要与牵引车组成汽车列车。牵引车和挂车的连接方式分为半挂和全挂。集装箱牵引车拖带挂车，主要采用以下三种方式：①半拖挂方式。用牵引车来拖带装载了集装箱的挂车。这类车型的特点是：集装箱的质量由牵引车和挂车的车轴共同分担，故轴压力小；后车轴由于承受了部分集装箱的质量，故能得到较大的驱动力；挂车前端的底部装有支腿，便于甩挂运输。②全托挂方式。牵引车通过牵引杆架与挂车连接，牵引车本身可作为普通载重汽车使用。③双联拖挂方式。半拖挂方式牵引车后面再加上一个全挂车，实际上是牵引车拖带带两节底盘车。

2. 按最大总质量分类

载货汽车也可按最大总质量分为微型货车、轻型货车、中型货车和重型货车四类。

（三）特种用途的汽车

特种用途的汽车有：建筑工程用汽车，包括专门用于起重、挖沟、埋管、混凝土搅拌等施工作业的汽车；市政、公共事业用汽车，包括用于清扫、除雪、医疗、救护、售货、邮政、消防等方面的专用汽车；农用汽车；竞赛汽车等。

二、汽车的基本构造和布置形式

（一）汽车的基本构造

虽然汽车的类型很多，各类汽车的总体构造有所不同，但它们的基本组成是一致的，都由发动机、底盘、车身和电气设备四大部分组成。

1. 发动机

发动机是汽车的动力装置，是汽车的“心脏”。它的作用是使燃料燃烧后产生动力，然后通过底盘的传动系统驱动汽车行驶。汽车发动机由曲柄连杆机构、配气机构、燃料供给系、冷却系、润滑系、点火系和启动系（“两大机构”“五大系”）组成。

汽车发动机都是将燃料燃烧的热能转变为机械能的热力发动机。现代汽车广泛采用往复活塞式内燃机，其中主要是汽油机和柴油机。常见的汽油机是利用化油器使汽油与空气混合后吸入发动机气缸内，用电火花强制点燃混合气体，使其燃烧后产生热能而做功；柴油机利用喷油泵使柴油产生高压后由喷油器直接喷入发动机气缸内并与气缸内压缩空气混合形成混合气，柴油自燃后产生热能而做功。两者相比较，汽油机具有转速高、质量小、工作时噪声小、启动容易、制造和维修费用低等特点，故在轿车和中小型货车上及军用越野汽车上得到广泛应用。汽油机的不足之处是燃油消耗率较高，因而燃料经济性较差；同时，汽油机的排气净化指标也较差。

柴油机因压缩比高，燃料消耗率平均比汽油机低30%左右，而且柴油价格较低，所以燃料经济性较好。另外，柴油机的排气污染也比较小。因此，一般装载质量在7 t以上的货车大都用柴油机。柴油机的缺点是转速较汽油机低，质量大，制造和维修费用高。目前，柴油机的这些缺点正逐渐得到克服，它的应用范围正在向中、轻型货车扩展。

2. 底盘

底盘是汽车的基础，可以称底盘是汽车的“骨骼”。它的作用是接受发动机的动力，使汽车产生运动，并保证正常行驶，同时支撑、安装汽车其他各部件组成。底盘由传动系、行驶系、转向系和制动系“四大系”组成。

（1）传动系

汽车传动系的基本作用是将发动机发出的动力传给驱动车轮。

发动机纵向安置在汽车前部，并且以后轮为驱动车轮。发动机发出的动力依次经过由离合器、变速器、万向节和传动轴组成的万向传动装置以及安装在驱动桥上的主减速器、差速器和半轴传给驱动车轮。驱动车轮得到扭矩，便给地面向后的作用力，地面因此对驱动车轮产生一个反作用力，这个反作用力就是汽车的牵引力。

汽车的类型不同，发动机的安装位置不同，都会使传动系的布置形式不同。

（2）行驶系

行驶系的主要作用是：将汽车构成一个整体，支承汽车的总质量；将传动系传来的扭矩转化为汽车行驶的驱动力；承受并传递路面作用在车轮上的各种反力及力矩；减少振动，缓和冲击，保证汽车平顺行驶；与转向系配合，正确控制汽车的行驶方向。

汽车行驶系的结构形式因车型和行驶条件的不同而有所差异。绝大多数汽车行驶在比较坚实的道路上，其行驶系中直接与路面接触的部分是车轮，因而称为轮式行驶系。除广泛应用的轮式外，行驶系还有履带式、车轮-履带式、跨步式等形式。

轮式行驶系一般由车架、车桥、车轮和悬架等组成。

（3）转向系

转向系的作用是通过驾驶员操纵转向盘，根据需要保持或改变汽车行驶方向，并减轻驾驶员的劳动强度。汽车转向系由转向器和转向传动机构两部分组成。转向器由方向盘、转向轴、转向传动轴、转向万向节等组成。转向传动机构由转向垂臂、转向纵拉杆、转向节臂、转向横拉杆、梯形臂等组成。

（4）制动系

制动系的作用是：根据需要使汽车减速或在最短的距离内停车，以保证行车安全；保证汽车停放可靠，不致自动滑溜。汽车的制动系一般至少装有两套各自独立的装置；行车制动装置（脚制动装置）和驻车制动装置（手制动装置）。重型汽车和经常行驶在山区的汽车，还应增装紧急制动装置和安全制动装置或辅助制动装置。此外，较完善的制动系还具有制动力调节装置、报警装置压力保护装置等附加装置。

制动系中每套制动装置都由产生制动作用的制动器和制动传动机构组成。制动器通常采用摩擦式。它由车轮制动器和液压传动机构两部分组成。

制动系制动的工作原理是：当制动时，踩下制动踏板，通过推杆和主缸活塞，使制动主缸内的油液产生一定压力后流入制动轮缸，推动轮缸活塞，使两制动蹄绕支承销转动，上端向两边张开而以其摩擦片压紧在制动鼓的内圆面上。这样不旋转的制动蹄就对旋转着的制动鼓产生一个摩擦力矩，其方向与车轮转动方向相反。制动鼓将该力矩传给车轮，使车轮与路面之间产生制动力，迫使汽车产生一定的减速，甚至停车。当放松制动踏板时，在各制动蹄回位弹簧的作用下，制动蹄与制动鼓之间的间隙又恢复，摩擦力矩和制动力消失，制动作用即行解除。

3. 车身

车身安装在底盘车架上，用来容纳驾驶员、乘客和货物并构成汽车的外壳。轿车车身、客车车身一般是整体式车身，货车车身由驾驶室和货箱两部分组成，汽车车身是一件精制的综合艺术品，其结构主要包括车身壳体、车门、车窗、车前钣金件、车身内外装饰件、车身附件、座椅以及通风、暖气、冷气、空气调节装置等，载货汽车还包括货箱和其他设备。

汽车车身壳体的结构形式可分为骨架式、半骨架式和无骨架式三种。

（1）骨架式

骨架式具有完整的骨架（或构架），车身蒙皮固定在装配好的骨架上。

（2）半骨架式

半骨架式只有部分骨架（如单独的支柱、拱形梁、加固件），部分骨架彼此直接相连或者借助蒙皮板彼此相连。

（3）无骨架式

无骨架式没有骨架而利用蒙皮板相互连接时所形成的加强筋来代替骨架。

货车车身多采用骨架式非承载车身结构。

客车车身一般分为轻便客车车身、中型客车车身。轻便客车车身要求有较好的流线型，以减小行驶时的空气阻力。中型客车均采用闭式的厢式车身，以提高有效载客面积。

轿车车身多为无骨架式和半骨架形式。目前，在高级轿车上，为保证良好的乘坐舒适性以及减轻底盘振动和噪声对车身的影响，多采用非承载式车身，车身借助橡胶软垫固装在车架上。中级轿车车身有采用非承载式的，也有采用承载式的。普通轿车和微型轿车普遍采用承载式车身。近年来，为减轻客车的自重，降低车身高度，中级轿车倾向于采用承载式车身。

公共汽车车身采用厢式外形，由于尺寸较大，形状较规则，易于构成完整的空间受力系统，故大多采用骨架式，这种结构最适于做成承载式的。

4. 电气设备

电气设备由电源和用电设备两大部分组成。电源包括发电机和蓄电池。用电设备的内容很多，不同车型不太一样，主要有点火系、启动系、照明系统、仪表信号系统、空调以及其他附属用电设备等。此外，在现代汽车上越来越多地安装各种电子设备，如微处理机、中央计算机系统、各种传感器及各种人工智能装置等，显著地提高了汽车的各项性能。

（二）汽车的布置形式

为满足不同使用要求，汽车的总体构造和布置形式可以是不同的。按发动机和各个总成相对位置的不同，现代汽车的布置形式通常有以下四种：

1. 发动机前置后轮驱动（FR）

该布置形式是传统的布置形式。国内外大多数货车都采用这种布置形式。

2. 发动机前置前轮驱动（FF）

该布置形式具有结构紧凑、减小质量、降低地板高度以及改善高速时的操纵稳定性等优点。

3. 发动机后置后轮驱动（RR）

该布置形式具有大大地降低室内噪声，并有利于车身内部布置等优点。

4. 全轮驱动（nWD）

该布置形式，通常发动机前置，在变速后装有分动器以便将动力分别输送到全部车轮上。

三、汽车行驶基本原理

汽车行驶时，作用于汽车的外力有驱动力和行驶阻力，它们相互平衡，得到汽车的行驶方程式为：

$$F_t = \sum F \tag{5-1}$$

式中：F_t——驱动力；

$\sum F$——各种行驶阻力之和。

（一）汽车的驱动力

发动机输出的转矩经传动系传到驱动车轮上，作用于驱动车轮上的转矩 T_t 使车轮对路面产生一圆周力 F_0，路面对驱动轮的反作用力 F_t 是驱动汽车的外力。此外力称为汽车的驱动力，单位为 N。驱动力数值为：

$$F_t = \frac{T_t}{r} \tag{5-2}$$

式中：F_t——驱动力（N）；

T_t——作用于驱动车轮的转矩（N·m）；

r——车轮半径（m）。

（二）汽车的行驶阻力

汽车运动时需要克服运动中所遇到的各种阻力。汽车在水平道路上等速行驶时必须克服来自汽车赖以行驶的地面滚动阻力 F_f 和来自汽车周围的空气阻力 F_w。当汽车在坡道上上坡行驶时，还必须克服汽车重力沿坡道的分力（称为坡度阻力 F_i）。汽车加速行驶时需要克服的惯性力，称为加速阻力 F_j。汽车行驶的总阻力为

$$\sum F = F_f + F_w + F_i + F_j \tag{5-3}$$

滚动阻力主要是由于车轮滚动时轮胎与路面接触变形而产生的。弹性车轮沿硬路面滚动，路面变形很小，轮胎变形较大；车轮埋入路面（如松软土路、沙地、雪地等）滚动，轮胎变形较小，路面变形较大。此外，轮胎与路面以及车轮轴承内都存在着摩擦。车轮滚动时产生的变形与摩擦要消耗发动机一定的动力，因而形成滚动阻力，其数值与汽车的总重力，轮胎的结构和气压以及路面性质有关。

汽车行驶时，需要挤开其周围的空气，汽车前面受气流压力并且后面形成真空，产生压力差。此外，还存在着各层空气之间和空气与汽车表面之间的摩擦，以及冷却发动机、室内通风以及汽车表面外凸零件引起的气流干扰等，从而形成空气阻力。空气阻力与汽车的正面投影面积有关，特别是与汽车和空气的相对速度的平方成正比，两者的相对速度越高，空气阻力越大。

汽车上坡时，其总重力沿路面方向的分力形成的阻力称为坡度阻力，其数值取决于汽车的总重力和路面的纵向坡度。坡度阻力只是在汽车上坡时才存在，但汽车上坡所做的功并未被白白地消耗掉，而是以位能的形式被车辆储存；当汽车下坡时，所储存的位能又转变为汽车的动能，促使汽车行驶。

汽车加速行驶时，需要克服汽车质量加速运动时的惯性力，这就是加速阻力。

（三）汽车驱动力与行驶阻力的关系

为了克服上述阻力，汽车必须有足够的驱动力. 当驱动力增大到足以克服汽车静止时所受的阻力时，汽车开始起步行驶。汽车起步后，其行驶情况取决于驱动力与总行驶阻力之间的关系。总行驶阻力等于上述各项行驶阻力之和。当总行驶阻力等于驱动力时，汽车将匀速行驶；当总行驶阻力小于驱动力时，汽车将加速行驶。然而，随着车速增加，总行驶阻力亦随空气阻力而急剧增加，所以汽车速度只能增大到驱动力与总行驶阻力达到新的平衡时为止。此后，汽车便以高的速度匀速行驶。

汽车加速所做的功转变成动能，随时可以被利用，如此时将发动机与传动系脱开或使

发动机熄火，汽车将依靠惯性克服行驶阻力而继续行驶（滑行）并逐渐消耗所储存的动能。

当总行驶阻力超过驱动力时，汽车将减速直至停车。这时如欲维持原车速，就需要加大节气门或将变速器操纵杆换入低挡，以便相应地增大驱动力。但是，汽车并不是在任何情况下都能发出足够的驱动力。例如，汽车在很滑的（冰雪或泥泞）路面上行驶时，加大节气门可能只会使驱动车轮加速滑转，而驱动力不能增大。驱动力的最大值固然取决于发动机的最大转矩和传动系的传动比，但实际发出的驱动力还受到轮胎与路面之间附着性能的限制。

当汽车在较平整的干硬路面上行驶时，附着性能的好坏取决于轮胎与路面之间摩擦力的大小。由物理学可知，在一定的正压力作用下，两物体之间的静摩擦力有一最大值，当推动力超过此值时，两物体便会相对滑动。对汽车行驶而言，当驱动力大于轮胎与路面间的最大静摩擦力时，驱动车轮就会滑转。因此，在较平整的干硬路面上，汽车所能获得的最大驱动力不可能超过轮胎与路面的最大静摩擦力。

当汽车行驶在松软路面上时，除了上述车轮与路面的摩擦阻碍车轮打滑外，嵌入轮胎花纹凹处的路面凸起部分也起到抗滑作用。车轮打滑现象只有在克服了轮胎与路面的摩擦以及路面凸起部分在轮胎施加的剪力作用时才会发生。

在积雪和泥泞路面上，因雪和泥的抗剪力能力很低，被轮胎花纹剪切的雪或泥又将花纹凹处填满，使得轮胎表面和雪、泥之间的摩擦更小，因而附着系数的数值很小。如果附着重力相同，积雪和泥泞路面的附着力比干硬路面要小得多，车轮也就更容易打滑。所以在积雪和泥泞路面上，尽管行驶阻力有时并不大，但受到附着力限制的驱动力不能进一步增大到足以克服行驶阻力，汽车不得不减速直至停车。

普通货车在冰路面上行驶，往往在驱动车轮上绕防滑链，链条深嵌入冰雪中，使附着系数和附着力增加。但是，普通货车因只能利用分配到驱动车轮上的那部分汽车总重力作为附着重力，故附着力可能仍不够大。全轮驱动的越野汽车可利用汽车的全部重力作为附着重力，并可利用轮胎上的特殊花纹获得较大的附着系数，因而能使附着力显著增加。

四、典型的载货汽车简介

在公路物流运输过程中，除了普通货车外，还有一些专用货车，随着我国物流业的发展，专用货车需求量也将会逐年增加。下面简要介绍七种典型车型。

（一）普通拦板式货车

普通拦板式货车具有整车重心低、载重量适中的特点，适于做企事业单位、各个批发

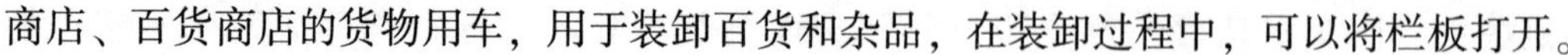

商店、百货商店的货物用车，用于装卸百货和杂品，在装卸过程中，可以将栏板打开。

（二）汽车列车

汽车列车是指一辆汽车（货车或牵引车）与一辆或一辆以上挂车的组合。汽车为汽车列车的驱动车节，称为主车；被主车牵引的从动车节称为挂车。汽车列车是公路运输的重要车型之一，采用汽车列车运输是提高经济效益最有效而简单的重要手段。它具有快速、机动灵活、安全等优点，可方便地实现区段运输、甩挂运输、滚装运输。

汽车列车由牵引车、挂车和牵引连接装置三大部分组成。常见的汽车列车主要有以下四种：

1. 全挂汽车列车

全挂汽车列车是指由一辆牵引车用牵引杆连接一辆或一辆以上的全挂车组合而成的汽车列车。牵引车是一辆载货汽车或配有压重的专用牵引车。牵引车与全挂车用牵引连接装置连接组成全挂汽车列车。全挂车可以自行承担自身重量和载荷。牵引车在摘掉全挂车后，可单独从事货运或拖带另一辆全挂车。

全挂汽车列车具有以下优点：①全挂汽车列车运输效率高，一般全挂汽车列车的装载量是单车的 2 倍左右；②全挂汽车列车燃料消耗低，百吨公里燃料消耗比单车低 40%左右；③全挂车的制造成本低，一般一辆全挂车要比相配挂的牵引车的制造成本低 50%～60%；④全挂车结构简单，维修方便，维修费用低；⑤全挂车可摘挂后较长期单独使用。

由于全挂汽车列车具有上述优点，主车与挂车之间用牵引钩与挂车环连接，结构简单，且牵引车无须改装即可与全挂车挂接使用，所以全挂汽车列车首先快速发展起来。

2. 半挂汽车列车

半挂汽车列车是指由一辆半挂牵引车和一辆半挂车组合而成的汽车列车。

（1）半挂牵引车

半挂牵引车是用来牵引半挂车的汽车，其结构与普通货车的区别是车架上无货厢，面装有鞍式牵引座，通过鞍式牵引座承受半挂车的部分载重量，并且锁住牵引销，带动半挂车行驶。

（2）半挂车

半挂车是承载货物的平台或容器，本身没有动力，通过与牵引车连接后形成一个整体，应用在各种货物运输中。由于半挂车相对独立，因此在货物运输抵达目的地或转运时可直接交付或交换半挂车，减少了传统的装卸货工序，显著提高了运输效率。

按照结构和用途，半挂车主要分为以下九种类型：

①平板式半挂车。此半挂车整个货台是平直的，既无顶也无侧厢板，适于运输集装

箱、钢材、木材及大型设备等。

②栏板式半挂车。此半挂车货台四周用栏板保护，既可运输大型设备，又可运输散件货物。

③阶梯式半挂车。阶梯式半挂车车架呈阶梯形，货台平面在鹅颈之后。由于货台主平面降低，阶梯式半挂车适合运输各种大型设备、钢材等。

④凹梁式半挂车。此半挂车货台平面呈凹形，具有最低的承载平面。凹形货台平面离地高度一般根据用户要求确定。凹梁式半挂车适合超高货物的运输。

⑤集装箱专用半挂车。集装箱专用半挂车专门用于运输国际标准集装箱。

⑥厢式半挂车。此半挂车车身由普通金属、复合材料或帘布等材料制造的全封闭厢体构成，以达到防腐蚀、防串味、防雨、防晒的目的。厢式半挂车通常用于精密仪器、饮料、干货、生鲜食品等货物的运输。

⑦罐式半挂车。此半挂车车身由罐体构成。罐式半挂车可运输各类粉粒物料、液体等，既可节省包装，又可提高卸货速度，载货后货物剩余率低。

⑧车辆运输半挂车。车辆运输半挂车专门用于运输轿车、面包车、吉普车、小型货车等车辆。

⑨自卸式半挂车。此半挂车设有液压举升装置，适用于各种物料的自卸运输。

与全挂汽车列车相比，半挂汽车列车具有以下优点：整体性和机动性得到改善；半挂牵引车与半挂车之间通过牵引座和牵引销相连接，因此缩短了汽车列车的总长，使半挂汽车列车更具有整体性，机动性也得到提高；车厢装载面积进一步增大；由于半挂汽车列车的部分装载质量通过牵引座作用到牵引车驱动桥上，驱动桥的附着质量增大，牵引车的牵引力能得到充分利用；牵引车的动力性能得到充分发挥；由于采用牵引座和牵引销连接形式，行驶时的摆振现象大大减小，提高了行驶稳定性，因此半挂汽车列车行驶稳定性较全挂汽车列车好；采用牵引座与牵引销连接，避免了全挂汽车列车牵引钩与挂环之间的撞击、振荡现象，降低了行驶时的噪声；可方便地实现区段运输、甩挂运输、滚装运输，从而大大提高运输效率。

3. 双挂汽车列车

双挂汽车列车是指由一辆半挂牵引车与一辆半挂车和一辆全挂车组合而成的汽车列车。由于双挂汽车列车又增加了一辆挂车，所以装载质量增加了，运输效率大大提高。但它要求牵引车具有更大的发动机功率，并且要求运行的道路条件要好。

4. 特种汽车列车

特种汽车列车是指具有特殊结构或装有专用设备的汽车列车。物料的前后两端分别与牵引车和挂车有机连接，物料本身构成了汽车列车的一部分。

（三）厢式货车

厢式货车除具备普通货车的一般结构外，还具备全封闭的厢式车身和便于装卸作业的车门。封闭式的车厢可使货物免受风吹日晒雨淋。将货物置于车厢内，能防止货物散失、丢失，安全性好。其中，小型厢式货车一般兼有滑动式侧门和后开车门，因此货物装卸作业非常方便。由于小巧灵便，无论大街小巷，小型厢式货车均可驶入，真正实现“门到门”运输（指从发货人直接运达收货人），很适于运输运距较短、货物批量小、对运达时间要求较高的货物，如用于各种家用电器、纺织品等轻工产品和邮政的运输。

近年来，轻质合金及纤维增强材料的使用为减轻车厢自重，增大有效装载质量创造了良好的条件，使厢式货车成为国际载货汽车市场上的主力军。我国随着物流业的迅猛发展，对厢式货车的需求量不断上升。

1. 普通厢式货车

厢式货车是在普通货车的基础上，将货厢封闭而成的，具有防尘、防雨、防盗、清洁卫生的特点，通常用于没有温度要求的运输，如零担快运和贵重商品的运输等。

2. 厢式保温车

厢式保温车是运输低温物品的专用车辆，具有防尘、防雨、防盗、隔热的特点，广泛应用于卫生、化工、商场、科研、食品、厂矿等行业部门，是肉类海鲜、蛋类、瓜果、蔬菜、冷饮、食品、医药等保质运输的理想工具。

3. 厢式冷藏车

厢式冷藏车是在厢式保温车的基础上添加制冷设备而成的，用于运输生鲜食品。

4. 厢式邮政车

厢式邮政车是在厢式运输车的基础上增添了邮政车特有部件而成的，具有防尘、防雨、防盗、清洁卫生的特点，并设有通风换气装置，适用于邮政行业的运输。

（四）集装箱运输车

集装箱运输是一种成组运输方式，简言之，它是将零散件货物装在一个标准化的大箱子里来进行运输，在更换运输工具时，箱内的货物不需要倒装，而只需将装有零散货物的集装箱从一种运输工具转移到另一种运输工具上，因此，集装箱运输是公路、铁路、水路和航空等联运的理想运输方式。

集装箱运输车是指专门用来运输集装箱的专用汽车，它具有多种结构类型。

1. 集装箱牵引车

集装箱牵引车按驾驶室的形式分为平头式和长头式两种。它的优点是：驾驶室短，载货更多，看前方和看下方的视线好；轴距和车身短，转弯半径小。缺点是：由于发动机直接布置在驾驶员座位下面，驾驶员受到机器振动的影响，舒适感较差。长头式（又称凸头式）牵引车这种牵引车的发动机和前轮布置在驾驶室的前面，它的优点是：驾驶员受发动机振动的影响较小，舒适感较好；撞车时，驾驶员较为安全；开启发动机罩修理发动机较方便。主要缺点是：驾驶室较长，因而整个车身长，回转半径较大。

由于各国对公路、桥梁和涵洞的尺寸有严格的规定，车身短的平头式牵引车应用日益广泛。

集装箱牵引车按其用途又可分为公路运输用牵引车和货场运输用牵引车。

公路用牵引车用于高速和长距离运输，功率比较大，可以多挡变速，能够达到比较高的行驶速度。货场运输用牵引车主要用于在港口或集装箱货场进行短距离运输，要求回转半径小，机动性和操纵性好，与底盘车连接或脱挂迅速、准确和方便，并有特别良好的视野等。

2. 集装箱半挂车

集装箱半挂车具有机动性好，适用于区段运输、甩挂运输和滚装运输的特点，是一种理想的集装箱运输车。

根据使用场合的不同，集装箱半挂车可分为公路用半挂车和货场运输用半挂车两大类。公路运输用半挂车外轮廓尺寸、轮压和轴荷重，均应符合国家标准的规定。为了保证运输安全，集装箱半挂车上安装有固定集装箱用的旋锁装置。货场运输用半挂车的外轮廓尺寸不受国家对车辆限界的限制，其固定集装箱用的装置也较公路用半挂车的简单。但货场运输用半挂车的全长和轴负荷要考虑到码头货场道路的技术条件。货场运输用半挂车主要有平板式和骨架式两种。

根据具体结构形式的不同，集装箱半挂车可分为平板式集装箱半挂车、骨架式集装箱半挂车等。

（1）平板式集装箱半挂车

平板式集装箱半挂车支承台面由两条承重的主梁和若干横向的支承梁构成。在这些支承梁上应全部铺上花纹钢板或木板，同时在应装设集装箱固定装置的位置，按集装箱的尺寸和角件规格要求，全部安装旋锁件。平板式集装箱半挂车既能装运国际标准集装箱，又能装运一般货物。在装运一般货物时，整个平台承受载荷。平板式集装箱半挂车由于自身的整备质量较大，承载面较高，所以只有在需要兼顾装运集装箱和一般长、大件货物时才使用。

(2) 骨架式集装箱半挂车

骨架式集装箱半挂车专门用于运输集装箱。它仅由底盘骨架构成，车架的前后四角装有集装箱固定装置，车架下部前方有单脚或双脚支架，后方有一个或两个车桥装有轮胎车轮，而且集装箱也作为强度构件，加入半挂车的结构中予以考虑。因此，骨架式集装箱半挂车自身整备质量较轻，结构简单，维修方便，在专业集装箱运输企业中得到普遍采用。

(3) 可伸缩式集装箱半挂车

可伸缩式集装箱半挂车是一种柔性半挂车。它的车架分成三段。前段是一带有鹅颈及支承 20ft(1ft = 0.3048 m) 箱的横梁，并用牵引销与牵引车连接。整个前段为一个框架的钢体。中段是一根方形钢管，一端插入前段的方形钢管中，另一端被后段的方形钢管插入，使前段和后段形成柔性连接。后段由两个框架组成。上框架与一方形钢管固定，后段方形钢管插入中段方形钢管后，与前段组成整个机架，支承及锁紧装运的集装箱，并且通过不同的定位销确定车架不同的长度，以适应装运不同吨位集装箱的要求。下框架通过悬挂弹簧与后桥连接。同时，上、下框架可以前后移动，通过移动一段距离，可以调整车组各桥的负荷，使其不超过规定数值，从而提高车辆的通行能力。

(4) 自装卸集装箱运输车

一般的集装箱运输车都需与集装箱码头、车站、仓库等地的专用起重设备配合才能完成集装箱的装卸作业，而自装卸集装箱运输车是一种能够独立完成装卸和运输作业的专用集装箱运输车。

这种车辆按其装卸方向的不同又可分为后面装卸型和侧面装卸型两类。侧面装卸型集装箱运输车是在车辆的侧面用可在车上作横向移动的变幅式吊具将集装箱吊上吊下的。自装卸集装箱运输车具有运输、装卸两种功能，在开展由港口至货主间的“门到门”运输时，无须其他装卸机械的帮助，而且使用方便，装卸平稳可靠，又能与各种牵引车配套使用。除了装卸和运输集装箱外，它还可以将大件货物放在货盘上进行运输和装卸作业，因此深受各国的重视，应用日趋广泛。

(五) 自卸式货车

自卸式货车是指以运送货物为主且有倾卸货厢的货车。它可以利用发动机的动力，通过液压举升机构使车厢倾斜一定的角度，实现货物的自动卸出。普通自卸货车一般是在同吨位的货车二类底盘的基础上改装而成的。与普通货车相比，自卸货车的整备质量有所增加，装载质量有所减小，而总质量和轴荷分配等原则上与原货车相同。

自卸货车主要用于运输散装并可以散堆的货物（如砂土、矿石及农作物等），还可以用于运输成件货物。

自卸货车按货物的倾斜方向可分为后倾式、侧倾式和三面倾斜式三种类型。

后倾式自卸货车应用最为广泛。它通过车厢向后倾翻实现货物的卸出。侧倾式自卸货车通过车厢向左、右两侧倾翻一定的角度实现货物的卸出。三面倾斜式自卸货车可以从三个方向（左右和后方）进行卸货，提高了装卸货的方便性，但造价提高，自重增加。

1. 自卸式货车的主要性能参数

除了普通货车的技术性能参数外，自卸式货车还有以下主要使用性能参数：

（1）车厢的最大举升角

车厢的最大举升角即车厢的最大倾斜角，是指车厢举升至极限位置时，车厢底部平面与地平面之间的夹角。车厢的最大举升角应保证所装运的货物能自动地全部卸出，一般应在 50°~70°范围内。

（2）举升时间和降落时间

举升时间是指车厢满载时，从举升车厢开始至将车厢举升到最大举升角位置所需的时间，一般为 15~25 s。

降落时间是指车厢卸完货物后，从开始下降开始至完全降落到车架上时所需的时间，一般为 8~15 s。

2. 自卸式货车的专用装置

自卸式货车的专用装置主要由两大部分组成：举升机构和液压系统。

（1）举升机构

举升机构由车厢、副车架、铰链轴以及倾卸杠杆机构等组成，是实现车厢倾翻的机械机构。

（2）液压系统

液压系统由取力器、传动轴、油泵、管路系统、举升油缸以及分配阀等组成，是实现车厢倾翻的驱动系统。工作过程具体如下：

①准备

使自卸式货车处于驻车制动状态，将转阀手柄置于快落位置，二位二通换向阀全开，启动发动机，操纵取力器，使液压泵进入工作状态，液压泵将液压油从油箱中吸出，液压油经单向阀、二位二通换向阀流回油箱，使液压系统处于低压循环状态。

②举升

将转阀手柄转至举升位置，二位二通换向阀关闭，来自液压系的高压油通过单向阀和分流阀直接进入举升液压缸的下腔，推动活塞举起车厢。

若车厢超载，安全溢流阀开启从而卸油，液压油经安全溢流阀回油箱，车厢在原位不动，液压系统的压力稳定在额定工作压力状态。

③中停

转阀手柄仍处于举升位置，踏下离合器踏板，切断取力器的动力，使液压泵停止转动，液压泵不输出高压油，液压缸下腔的液压油在车厢重力的作用下有倒流的趋势，由于单向阀阻止了液压油的倒流，液压缸中的活塞保持在原位置不动，车厢处于任意举升位置基本保持不动。

④降落

降落分缓慢降落与快速降落两种工况。车厢卸货后，液压泵停止工作，将转阀手柄推至慢落位置，回油路仅部分打开，实现车厢缓慢降落。

若将转阀手柄推至快落位置，则回油路全部打开，液压缸下腔油液经分流阀向油箱快速回流，实现快速降落。

（六）罐式货车

罐式货车是指装有罐状容器的货车。罐式货车具有密封性强的特点。运送易挥发物品、易燃物，危险品等，选用罐式货车。某些罐式货车还装有某种专用设备，用以完成特定的作业任务。

罐式货车的种类很多。罐式货车按用途可分为液罐货车、粉罐货车、气罐货车和颗粒罐货车等。液罐货车主要用于装运燃油、润滑油、重油、酸类、碱类、液体化肥、水、食品饮料等液态物品；粉罐货车主要用于装运水泥、面粉、石粉等粉状物品；气罐货车主要用于装运氮气、氩气、石油气等气态物品；颗粒罐货车主要用于装运谷物、豆类、颗盐、砂糖等颗粒状物品。罐式货车还可按罐状容器所能承受的压力大小分为低压罐车、中压罐车和高压罐车三大类。低压罐车主要用来装运水、轻质燃油、润滑油、动植物油等物品，罐体承受的内压力一般在 0. 098 MPa 以下；中压罐车主要用来装运苛性碱、浓硫酸、沥青等物品，罐体承受的内压力一般为 0. 147~0. 294 MPa；高压罐车主要用来装运液化石油气等物品，罐体承受的内压力一般为 1. 177~3. 532 MPa。

（七）商品混凝土搅拌运输车

建筑业的发展使得商品混凝土的使用量不断增加。目前，世界各先进工业国家商品混凝土的普及率达到 80%左右。生产商品混凝土的设备主要包括混凝土原材料的运输和预处理设备、混凝土配料和搅拌设备、混凝土运输及布料设备等。其中核心设备是混凝土搅拌站（楼）、混凝土搅拌运输车和混凝土泵。商品混凝土搅拌运输车适用于公路工程、机场工程、大型建筑物基础及特殊混凝土工程的机械化施工，是商品混凝土生产和使用中不可缺少的一种重要设备。

1. 商品混凝土搅拌运输车的组成和工作原理

商品混凝土搅拌运输车由载重汽车底盘和混凝土搅拌运输专用装置组成。

混凝土搅拌运输专用装置主要包括取力装置、液压系统、减速机、操纵结构、搅拌装置、清洗系统等。其工作原理是：通过取力装置将发动机的动力取出，并驱动液压系统的变量泵，把机械能转化为液压能传给定量马达，定量马达再驱动减速机，由减速机驱动搅拌装置，对混凝土进行搅拌。

（1）取力装置

取力装置的作用是通过操纵取力开关将发动机的动力取出，经液压系统驱动拌筒，拌筒在进料和运输过程中正向旋转，以利于进料和对混凝土进行搅拌，拌筒在出料时反向旋转。在工作终结后，切断取力装置与发动机的动力连接。

（2）液压系统

液压系统的作用是将取力装置取出的发动机动力，转化为液压能（排量和压力），再经定量马达输出机械能转速和扭矩，为拌筒旋转提供动力。

（3）减速机

减速机的作用是将液压系统中定量马达输出的转速减速后传给拌筒。

（4）操纵机构

操纵机构的作用是控制拌筒的旋转方向，使拌筒在进料和运输过程中正向旋转，在出料时反向能转，并控制拌筒的转速。

（5）搅拌装置

搅拌装置主要包括拌筒和装、卸料机构。

拌筒是商品混凝土搅拌运输车的主要专用设备，是混凝土的装载容器，由优质耐磨薄钢板制成，为了能够自动装、卸混凝土，拌筒内壁焊有具有特殊形状的螺旋叶片，螺旋叶片的结构形状直接影响混凝土的运输和搅拌质量，以及进料和出料速度。

2. 商品混凝土搅拌运输车的输送方式

由于搅拌楼（站）至施工现场距离远近的不同和材料供应条件的各异，商品混凝土搅拌运输车的输送方式又可分为以下三种：

（1）湿料搅拌输送式

拌筒内装载的是已经预制好的混凝土，适用于 10 km 以内的运输。在输送途中，拌筒以 1~3 r/min 的转速低速转动，对混凝土进行搅动。其目的是防止混凝土在途中产生初凝和离析。但是，预制混凝土在 1.5 h 后即开始凝结，因此，预制混凝土从运送到浇灌的时间不能超过 1.5 h。国内常见的混凝土搅拌运输车均为湿料搅拌输送式。

（2）半干料搅拌输送式

半干料搅拌输送即将预先配比称量好的砂、石、水泥和水装入拌筒内，在行驶途中或施工现场完成搅拌作业。一般来说，拌筒转动 70~100 周后就能完成搅拌作业。当运输的距离较长，拌筒转动的总周数超过 100 周时，应将拌筒调到较低的转速。在运输半干料时，加入拌筒的混凝土配料不能超过拌筒几何容积的 67%。

（3）干料搅拌输送

干料搅拌运输是将砂、石和水泥在干的状态下装入拌筒，运输车在运输途中对料进行搅拌，在到达施工现场时，从运输车的水箱内将水加入拌筒，完成最终的搅拌。这种方式适用于运距在 10 km 以上的混凝土运输。干料搅拌运输时，装料容量一般不超过拌筒几何容积的 63%。

第六章　智能运输系统

第一节　智能运输系统（ITS）概述

一、ITS 概念

中国 ITS 体系框架研究报告中对 ITS 给出了如下定义：在较完善的基础设施（包括道路、港口、机场和通信等）之上，将先进的信息技术、通信技术、控制技术、传感技术和系统综合技术有效地集成，并应用于地面运输系统，从而建立起大范围内发挥作用的、实时、准确、高效的运输系统。

智能运输系统是一种全方位、实时准确、高效的综合运输系统，它是在较完善的道路设施基础上，将先进的科学理论和科学技术集成运用于道路交通运输的全过程，加强了车、路、人三者之间的联系，并且通过智能化地收集、分析交通数据，将经过处理的信息反馈给系统的操作者或驾驶员，使系统的操作者或驾驶员借助这样的交通信息，迅速做出反应，从而使交通状况得到改善。智能运输系统强调的是系统性、实时性、信息交流的交互性以及服务的广泛性，与原来意义上的交通管理和交通工程有着本质的区别。

智能运输系统是利用高新技术对传统的运输系统进行改造而形成的一种信息化、智能化、社会化的新型运输系统。它使交通基础设施能发挥出最大的效能，提高服务质量；使社会能够高效地使用交通设施和能源，从而获得巨大的社会经济效益。主要表现在：提高交通的安全水平；减少阻塞，增加交通的机动性；降低汽车运输对环境的影响；提高道路网的通行能力和提高汽车运输生产率和经济效益。

二、ITS 的应用范围

随着 ITS 研究的不断深入，ITS 应用也逐步展开，到目前为止，ITS 的应用范围主要可分为：

第一，先进的交通信息服务系统（ATIS)。先进的交通信息服务系统是建立在完善的信息网络基础上的。利用交通信息采集设备以及人工方式获得各种交通信息，并通过传输设备传送到交通信息中心；交通信息中心得到这些信息后，经过处理，实时向交通参与者提供道路交通信息、公共交通信息、换乘信息、停车信息、气象信息等；出行者可以根据这些信息确定自己的出行方式、选择路径。

第二，先进的交通管理系统（ATMS)。先进的交通管理系统面向交通管理者，通过对交通运输系统中的交通状况、交通事故、天气状况、交通环境等进行实时的数据采集和分析，对交通进行管理和控制。

第三，先进的公共交通系统（APTS)。先进的公共交通系统主要用来收集公共交通实时运行情况，实施公共交通优先通行措施。此外，通过向公共交通经营者提供基础数据，强化经营管理效率；通过向公共交通的使用者提供公共交通信息，提高公共交通利用率。

第四，先进的车辆控制系统（AVCS)。先进的车辆控制系统利用先进的传感、通信和自动控制技术，给驾驶员提供各种形式的驾驶安全保障措施系统具有对障碍物的自动识别和报警，自动转向、报警，保持行驶安全距离、自动避撞等功能，并且目前还在不断努力研究开发车辆全自动驾驶功能。

第五，商用车管理系统（CVMS)。商用车管理系统通过接收各种交通信息，对商用车辆进行合理调度，包括为驾驶员提供路况信息、道路构造物（桥梁、隧道）信息、限度、危险路段信息等辅助驾驶员驾驶车辆；特别是对危险品运输车辆，提供全程跟踪监控、危险情况自动报警、自动求救等服务。

第六，电子收费系统（ETC)。电子收费系统通过与安装于车辆上的电子卡或电子标签进行通信，实现计算机自动收取道路通行费、运输费和停车费等，以减少使用现金带来的延误，提高道路通行能力和效率，同时电子收费系统可自动统计的车辆数，可以作为交通信息的一种来源加以利用。

第七，紧急事件管理与救援系统（EMS)。紧急事件管理与救援系统主要利用多种技术手段对突发交通事故进行管理和救援，包括处理预案的生成、救援车辆的调度、现场处理与交通调度、事后恢复等。

智能交通系统是当今世界上交通运输科技的前沿，由于其市场前景良好，不仅各国政府高度重视，各国的民间科研开发机构热情也很高，不惜投入巨资，这也从一个侧面反映了未来交通运输的发展方向。

第二节 ITS 体系框架

一、ITS 用户主体、服务主体与终端

（一）ITS 用户主体

ITS 用户主体是指接受 ITS 服务的一方，是 ITS 服务的对象。每一个用户服务或子服务都享有相应的用户主体和服务主体。

在确定 ITS 用户主体时，一方面要考虑与国际接轨，需要参考 ISO 已经公布的相关标准；另一方面又要关注本国的实际情况，结合本国具体的交通现状、管理体制等因素。综合考虑以上两个方面，我国 ITS 体系框架中将用户主体分为六大类：道路使用者、道路建设者、交通管理者、运营管理者、公共安全负责部门、相关团体。

ITS 用户主体设计一般采用列表方法展现 ITS 用户主体。由于同一类型的用户主体对 ITS 信息服务的具体需求存在较大差别，所以对每种类型的用户主体又需要进行细分。

从细分的用户主体来看，ITS 用户主体可分为两种类型：法人用户主体和自然人用户主体。法人用户主体包含管理部门、研究机构和相关经营单位；自然人用户主体主要是各类出行者。法人用户主体随不同区域交通管理体制的差异以及区域综合交通体系的特点而有所不同，但不会导致区域 ITS 服务体系的功能变化；各区域自然人用户主体在类别上不存在差异，但数量上随区域人口、地理位置、经济发展水平等因素的不同而变化。

（二）ITS 服务主体

1. 广义 ITS 服务主体

广义 ITS 服务主体是指 ITS 服务活动的参与者。从数据收集、处理、加工成 ITS 标准化服务信息，再通过选择一定的媒体向 ITS 用户提供信息服务，ITS 服务需要经历一系列环节，涉及众多的部门、单位，凡是参与 ITS 服务活动的部门、单位，都可以被视为广义的 ITS 服务主体。ITS 框架中的服务主体可以从广义 ITS 服务主体的角度来理解。

中国 ITS 体系框架根据用户需求分析的结果，按行业管理与经营活动来划分，最终将服务主体分为九大类：交通管理、公共交通、交通信息服务、紧急救援、基础设施、货物运输、产品/设备制造、产品服务、政府执法部门。

2. 狭义 ITS 服务主体

狭义 ITS 服务主体是指依法设立，取得 ITS 服务资质，直接向用户提供 ITS 服务者。尽管 ITS 服务主体列表中的服务主体明确具体，但不难看出，部分服务主体在 ITS 实施中是较难承担起 ITS 用户服务职责的。一方面，从经济性来看，由某一管理部门或经营单位独立提供完整的 ITS 服务并不经济。这使得现行的交通管理部门、经营单位可能参与 ITS 服务部分环节的工作，但没有必要提供完整的 ITS 标准化信息服务。因而其中的部分管理部门、经营单位可能不对 ITS 用户提供直接的信息服务。另一方面，由于 ITS 信息服务所需要的数据不仅仅局限于某一个行业领域或经营单位，从而需要有专门的机构来进行协调、整合才能保证 ITS 信息服务功能的实现，因而也会使部分管理部门、经营单位不对 ITS 用户提供直接的信息服务。最后，部分 ITS 信息服务需要采用有偿方式提供，从而涉及 ITS 信息的知识产权问题以及在服务过程中因一方遭受损失而导致的经济纠纷问题，在法律上要求对 ITS 服务主体进行认定，需要明确遭受损失的直接原因所在，因而明确狭义的 ITS 服务主体十分必要：中国 ITS 体系框架中服务主体列表中的服务主体是 ITS 实施时可能的服务主体，真正直接为 ITS 用户提供服务的不一定必须是该列表中的全部服务主体。

狭义 ITS 服务主体设计可以通过功能设计方法，结合区域 ITS 发展战略，根据 ITS 信息处理与发布方式来确定。

ITS 的发展可以采用全面推进或分阶段逐步实施的发展战略，不同的发展战略必然导致区域 ITS 运营模式上的差异。ITS 服务体系中各服务子系统在 ITS 信息处理和发布方式方面也可以有不同的选择，从而形成 ITS 不同的运营模式。ITS 用户服务体系分为分布式、集中式和混合式三种运营模式。

在分布式 ITS 服务体系运营模式下，区域 ITS 服务系统中各服务子系统直接为用户提供信息服务，因而各服务子系统便是区域 ITS 的服务主体。

在集中式 ITS 服务体系运营模式下，区域 ITS 服务系统中各服务子系统仅仅完成基础数据的采集，不直接为用户提供信息服务，因而各服务子系统不能成为区域狭义的 ITS 服务主体。只有区域 ITS 运营机构直接为 ITS 用户提供信息服务，从而成为区域唯一的狭义 ITS 服务主体。

在混合式 ITS 服务体系运营模式下，区域 ITS 服务系统中部分服务子系统仅仅完成基础数据的采集，不直接为用户提供信息服务，因而该部分服务子系统不能成为区域狭义的 ITS 服务主体。只有区域 ITS 运营机构和另一部分服务子系统直接为 ITS 用户提供信息服务，从而成为区域狭义的 ITS 服务主体。

（三）终端

终端限定了 ITS 的系统边界范围。终端定义的意义在于定义了每个终端的功能并确定了系统的边界，是构建逻辑框架与物理框架的前提。终端设计可以采用列表的方法产生终端定义表。

二、服务领域、用户服务和子服务

（一）ITS 用户服务领域

国家 ITS 体系框架中 ITS 用户服务领域包含服务领域编号和服务领域名称等内容。服务领域一般只从 ITS 服务的需要出发进行划分，尽量避免服务内容可能出现的交叉。

（二）用户服务

ITS 用户服务设计需要建立与服务领域的对应关系，包含服务编号和服务名称两部分内容。ITS 用户服务体系中的用户服务是对服务领域的细化，使各服务领域需要提供的用户服务明确化，从而提高了 ITS 服务体系的可操作性。

（三）子服务

ITS 用户子服务设计需要建立子服务与服务之间的对应关系，包含子服务编号和子服务名称两部分内容。ITS 服务体系中的子服务是 ITS 用户服务的最终体现，是 ITS 用户服务的全部内容。

三、ITS 逻辑框架及物理框架设计

（一）逻辑框架

1. ITS 逻辑框架设计的作用

ITS 逻辑框架描述了系统实现 ITS 用户服务所必须具有的逻辑功能和功能间的数据交互关系。在逻辑框架的构建过程中不考虑具体的体制和技术因素，它只确定满足用户服务需求所必需的系统功能，而不管该功能由哪一个具体的部门实现以及如何实现。在 ITS 体系框架开发中，逻辑框架起到承前启后的作用，通过它实现了由用户服务到物理框架的合

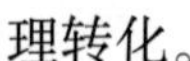

理转化。

2. 开发方法

ITS 逻辑框架的设计依据是 ITS 用户服务。ITS 逻辑框架开发可以采用比较通用的结构分析方法。逻辑框架建模采用“分解”与“抽象”的方法自顶向下逐步求精，将由用户服务和子服务转化过来的逻辑功能逐层分解，描述系统功能。从用户服务向具体的逻辑功能转化的过程中，由于每一个用户服务所包含的内容不一致，可能会将某些用户服务直接转化到逻辑功能的中间层次，这时就需要将该功能向下进行功能分解、向上进行功能整合。

在进行系统逻辑功能分解与整合的过程中，如果被分解的系统功能之间已经体现出了清晰的数据传递关系，则利用数据流图和数据字典描述功能间的数据交互和数据处理过程。

3. 主要内容

ITS 逻辑框架由逻辑功能层次表、逻辑功能元素定义、数据流图和数据流描述（数据字典）四个主要部分组成。

功能层次表以层次列表的形式列出了 ITS 由功能域、功能和过程组成的三层逻辑元素体系，直观表示出了逻辑元素间的层次包含关系。逻辑功能元素定义是对逻辑功能层次表中的每一个逻辑功能元素进行简明扼要的描述和说明，明确界定其能够完成的功能。数据流图（DFD）说明了逻辑功能元素间的数据交互关系，描述了信息在系统中的流动和处理情况。数据流图是分层次的，编号采用国家框架的分层编号体系：逻辑顶层数据流图（DFDO）、各功能之间的数据流图（DFDX）。在数据流图中，数据流表示为一个从起点指向终点的有向箭头，箭头方向表示数据的流向，数据流箭线上面的文字代表数据流名称；椭圆表示逻辑功能元素，其名称写在椭圆内；矩形表示系统终端；圆柱表示数据存储，用于保存需要存储的数据元素。数据流描述表对每一条数据流所包含的内容进行描述和说明，包括数据流名称、起点、终点和数据流描述。数据流是在系统逻辑功能元素之间以及功能元素和系统终端之间传递的信息，它代表着 ITS 中“运动的数据”。

（二）物理框架

1. 开发方法

物理框架是对系统逻辑功能的实体化、模型化，通过逻辑功能与物理实体间的映射给出实现用户服务所需功能的物理实体及实体间的互连关系，主要包括系统、子系统、系统模块、物理框架流等基本组成元素。系统的划分重点从便于系统实施的角度出发，并考虑现存管理体制、现有技术条件限制等因素，尽量保证与现行体制相一致。子系统是系统的细化，以实现地点、实际工作流程等为划分依据。系统模块是组成子系统的基础，由于子系统一般具有多个逻辑元素，因此对子系统所对应的逻辑元素，按照功能类似的原则进行组合，可得到系统模块。物理框架流是逻辑数据流的组合，是 ITS 系统内部、系统与其他系统联系的纽带，也是 ITS 标准建立的基础，据此可得到系统内部、系统与其他系统的接口界面，保证系统的兼容通用。

ITS 物理框架的设计，将逻辑功能转化为能够实现该功能的物理系统模块，将逻辑功能间交互的数据流组合成物理系统模块间传递的框架流。在物理框架设计中综合考虑交通基础设施、通信基础设施以及相应的 ITS 应用系统和信息化系统的建设现状、现行管理体制等因素，在此基础上提出符合地域实际的 ITS 物理框架体系。

2. 主要内容

ITS 物理框架主要内容包括物理框架层次表、物理元素描述表、物理框架流表、物理框架流图、应用系统列表及应用系统分析等。其中，应用系统是物理框架中一个重要的组成部分，实现了物理框架与现实系统的对应和联系。

ITS 物理框架的物理元素分为系统、子系统、系统模块三个层次，在物理框架中，用框架流图来直观表述各物理元素间的数据交互关系，每一个框架流图由物理元素和物理框架流组成。物理框架流描述了物理系统元素间的联系，给出了不同物理实体间的交互界面。框架流是在逻辑数据流的基础上得到的，是逻辑数据流的组合。通过框架流，把 ITS 物理系统各元素有机地整合在一起。由用户服务、逻辑框架、物理框架构成的 ITS 体系框架为 ITS 服务体系、规划、实施计划等提供了依据。

第三节　ITS 评价

一、ITS 评价的意义及原则

（一）ITS 评价的意义

ITS 评价的意义主要体现在以下四个方面：

1. 理解 ITS 产生的影响

评价 ITS 是为了能够更好地了解项目本身和与其相关的交通条件的改善之间的关系，

对交通系统及其使用各方产生的影响以及 ITS 导致的社会、经济和环境的影响，综合起来构成了 ITS 评价的内容。对 ITS 产生的影响有一个更好的认识有助于将来其他 ITS 项目的实施。

2. 对 ITS 带来的效益进行量化

投资者决定要投资一个项目，就必须先对该项目所能带来的回报做到心中有数，ITS 评价为投资者决策提供了重要的定量分析的依据。

3. 帮助对将来的投资做出决定

ITS 评价所提供的信息可以帮助政府部门优化投资，同时也可以为将来项目的投资和 ITS 顺利发展创造必要的条件。

4. 对已有的系统优化其运作和设计

ITS 评价可以帮助已有的交通设施和交通系统识别需要改进的方向，从而使管理者和设计者能够更好地管理、调整、改进和优化系统运作和系统设计。

（二）ITS 评价的原则

ITS 评价应遵循下列原则：

第一，符合国家交通运输发展战略规划与投资的方针、政策以及有关法规。

第二，宏观经济分析与微观经济分析相结合，定量分析与定性分析相结合，短期影响评价与长期影响评价相结合。

第三，坚持综合效益为主的原则，从系统工程的角度来进行评价，既要考虑经济效益，又要考虑社会效益、环境影响和可持续发展，进行综合全面的评价。

第四，确保项目评价的客观性、科学性、公正性。

二、ITS 评价的内容

（一）经济评价

对 ITS 系统的经济评价可以从三个层次上进行：首先，国家作为投资主体应考虑的问题是 ITS 产业的发展对国民经济的发展能产生哪些影响；其次，企业作为投资主体所要考虑的问题是 ITS 项目的投资是否能回收、回收期多长、收益率有多大等；最后，ITS 的另一个投资主体——个人，即车主（ITS 系统需要车主投资购置相应的 ITS 车载设备），个人投资效果的评价与企业投资评价类似。ITS 项目经济评价包括国民经济评价和财务评价两方面，国民经济评价是从国家整体的角度研究 ITS 项目对国民经济的净贡献，以判断 ITS 项目的合理性；财务评价是从 ITS 项目的财务角度，分析 ITS 项目的财务盈利能力和清偿能力，对 ITS 项目的财务可行性进行评价。

1. ITS 经济评价指标体系

ITS 经济评价指标体系如表 6-1 所示。

表 6-1　ITS 经济评价指标体系

目标层	准则层	指标层
经济评价	财务损益	财务内部收益率
		投资回收期
		财务净现值
	国民经济损益	波及效果
		投资乘数
		综合就业人数与就业率

2. 费用

进行 ITS 项目经济评价最重要的是对项目费用和效益的识别与计算。费用可分为直接费用和间接费用：直接费用是对交通服务提供者和用户而言的内部费用，包括系统设计费用、设备费用、设备安装费用、系统通信费用、程序管理费用、技术支持、公共信息、系统管理费；间接费用是项目实施造成的负面外部影响引起的费用。

3. 效益

效益包括直接效益和间接效益。直接效益即 ITS 对交通系统的效益；间接效益即 ITS 系统对周围的环境以及社会产生的效益，基本上可归结为以下七个方面：

①提高运行效率和通行能力。ITS 可通过增加交通系统的有效容量将现有设施的效率最优化，降低对基础设施改建与扩容的需要。

②提高系统机动性。许多 ITS 组分的主要目的就是减少出行时间，降低延误。延误有许多测量方法，可根据所研究的交通系统类型选择。系统的延误可依据每辆车的延误计算；货船的延误可根据超过预定到达时间的多少来确定。延误还可表现为驾驶员在实施项目前后的停车次数。通过提高运行速度、改进事故响应、提供延误信息，ITS 可降低交通网络的出行时间变化。出行时间的变化包括从系统起点到终点的整个出行时间的变化，包括更换交通方式与中途停车。降低出行时间的可变性有助于出行者或公司制订计划、安排行程。

③提高用户的方便性和舒适性。

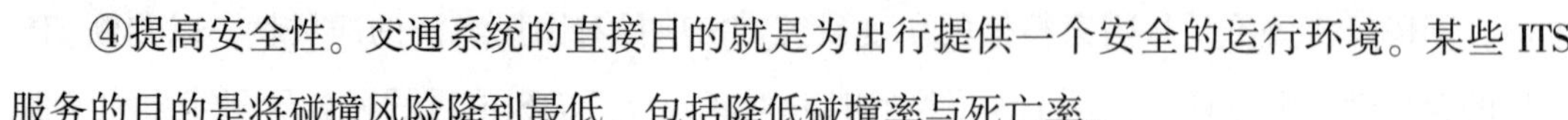

④提高安全性。交通系统的直接目的就是为出行提供一个安全的运行环境。某些 ITS 服务的目的是将碰撞风险降到最低，包括降低碰撞率与死亡率。

⑤降低能耗和环境保护费用。包括有害气体（CO、NO_x 和 HC）的排放水平以及节约的燃料消耗。

⑥提高个人、组织和整个经济系统的经济生产力。ITS 在传统的交通技术基础上加以改进，可以更大程度地降低运行费用，提高生产力。

⑦为 ITS 的发展创造外部环境。ITS 效益的估计可以采用定性估计，用有无对比法分高、中、低三档定性评价效益的高低；也可以采用定量计算来进行估计，如在贴现率、时间价值、事故损失减少额、碰撞减少损失额等已知情况下，通过这些量化指标，将效益粗略量化。

4. 财务评价

财务评价是根据国家现行财税制度和价格体系，分析、计算投资者或项目直接发生的财务效益和费用，编制财务报表，计算评价指标，考察项目的盈利能力、清偿能力以及外汇平衡等财务状况，据以判别项目的财务与商业上的可行性。

对于企业投资者和个人投资者来说，投资的目的主要是获得利润，因此，项目财务评价的服务对象主要是具体的 ITS 项目的企业投资者。而对于国家投资来说，更注重整体效益，项目财务评价的内容主要包括经济效益分析和清偿能力分析。

5. 国民经济评价

国民经济评价是按照资源合理配置的原则，从国家整体角度考虑项目的效益和费用，用货物影子价格、影子工资、影子汇率和社会折现率等经济参数分析、计算项目对国民经济的净贡献，评价项目的经济合理性。这个定义规定了国民经济评价是计算项目对国民经济的净贡献。国民经济评价的服务对象是国家宏观决策，是为制定政策的人和做出决定的人分析 ITS 对国民经济带来的影响。对于国民经济评价来说，评价具体的收益指标意义并不大，最重要的是评价投资 ITS 项目将为国民经济产生多大的影响。

ITS 的国民经济评价主要来分析 ITS 系统的发展将对国民经济产生的总体影响，可以采用投入产出分析法。投入产出分析法是利用投入产出表及相关系数表进行产业关联及产业间相互影响分析的一种常用方法。ITS 作为一种高新技术产业，它的发展势必对其他相关产业造成一定的正面影响，带动其他产业的发展，从而拉动整个国民经济的发展。

投入产出分析大致可以分为两类：一类可叫作“结构分析”；另一类称为“因果分析”。

所谓“因果分析”就是把握产业之间的相互影响，因此，又叫作“波及效果分析”。具体到分析 ITS 产业与其相关产业的相互影响，我们可以从如下三个方面进行：

（1）投资乘数分析

投资乘数分析主要是分析项目投资的增长将对国民收入、税收、工资等指标产生的倍增作用。对 ITS 进行投资乘数分析是要确定 ITS 的投资对国民收入等的提高有多大影响。ITS 的国民经济评价投资乘数分析主要包括：

①净产品乘数效应分析。净产品乘数可理解为在现有产业结构条件下，某部门每增加 1 个单位最终产品，为整个国民经济带来的国民收入。

②最终产品乘数分析。最终产品乘数是指每一个部门单位最终产品需求所要求调入产品的数量。它表明不同产品部门最终产品需求量变化时，整个国民经济系统对调入产品在总量和结构方面的依赖程度。

（2）波及效果分析

所谓波及效果分析就是分析 ITS 系统的投资将对相关产业产生多大的带动作用。在投资 ITS 之前，了解其对国民经济各部门产生的影响，即由此引起的各产业部门的增产需要达到何种程度，无疑是非常必要的。对波及效果进行分析和计算，需要使用三个基本的工具：投入产出表、投入系数表、逆阵系数表。

（3）就业效果分析

分析、计算随着 ITS 产业投资的增长而最终需要投入的就业人数，包括直接需要和间接需要。

利用逆阵系数表可以计算随着各部门生产的增长而最终需要投入的就业人数，即综合就业系数：

综合就业系数=就业系数×逆阵系数。

其意义是：某一产业为进行 1 个单位的生产，在本产业部门和他产业部门也就是直接和间接地总共需要有多少人就业。

某产业就业系数=该产业的就业人数/该产业的总产值

以上是对 ITS 各经济指标的描述与单项评价方法，如要得出经济指标的综合评价结果，可以首先确定各指标权重，再应用综合评价方法（如层次分析法、模糊综合评价法等）进行评价。

（二）技术评价

ITS 技术评价是从技术角度出发，通过对项目技术指标的分析和计算，从系统的功能和技术层面对智能交通运输系统的科学性、合理性、可发展性以及适用性和可实现性等方面进行综合的评价。

1. 技术评价的原则

ITS 技术评价应遵循以下基本原则：

（1）科学性

ITS 应建立在科学的原理和技术之上。因此，科学性是系统技术评价的首要原则。

（2）实用性

智能运输系统的建设应有明确的目的和功能需求，直接或间接地解决（或缓解）交通问题的实用性是其基本的要求。同时，系统的实用性还表现在系统适用性方面，如 ITS 及其子系统能否适应于中国（或特定城市）的实际情况（实际的交通情况和建设系统的条件）等。

（3）可测性

系统的评价将通过若干具体的指标体现。为了能清晰地对系统做出评价，所选取的评价指标必须是能够通过某些直接或是间接的方法得到定量的值。

（4）独立性

智能运输系统是一个复杂的、多层次、多因素的系统，其内部各层次、各因素之间相互影响、相互联系，为了能准确地评价系统特定的功能和技术，应避免评价指标的相互关联和重叠。

（5）可比性

可比性原则反映了系统及其评价指标的敏感性程度。所选用的评价指标应具有较高的敏感性，能客观地反映出不同方案下所取得的效果的差异，从而为提高系统的技术水平提供决策支持。

（6）整合性

此原则反映了系统及其子系统和技术间的匹配与协同程度，相关指标的选取应能反映这一原则要求。

（7）扩展性

由于 ITS 广泛地集成了先进的高新技术，且系统庞大，因此，系统的兼容性和扩展性原则对于确保系统的可发展性具有极其重要的意义。

（8）完备性

该原则体现了评价指标所反映的系统技术性能的全面性。评价指标体系中各个评价指标所评价的内容应尽可能地涵盖智能运输系统的各种属性，如方便、有效、经济、安全等。

2. 评价对象

ITS 的评价对象按技术领域加以划分。根据中国 ITS 框架研究大纲，智能运输系统的技术领域划分为以下九个部分：

（1）通用技术平台

主要领域：通用地理信息平台与定位结合技术，环境和尾气排放管理。

（2）通信信息

主要领域：出行前的信息服务、行驶中驾驶员信息服务、行驶中公共交通信息服务、路线诱导及导航。

（3）车辆

主要内容：视野的扩展、自动车辆驾驶、纵向防撞、横向防撞、安全状况检测、碰撞前的保护措施和智能公路。与通信信息组协调考虑信息终端等车载设备的交叉问题。

（4）运输管理

主要内容：商用车辆的管理、路边自动安全检测、商用车辆的车载安全监测、商用车辆的车队管理、公共交通管理、公共交通需求、共乘管理。可分为货物运输和旅客运输两个组成部分开展评价工作。

（5）交通管理和规划

主要内容：交通控制、紧急事件管理、需求管理、交通法规的监督和执行、交通运输规划支持、基础设施的维护管理。物理结构考虑交通管理中心与其他中心的接口，如与道路、铁路、水运、航空管理中心接口。

（6）电子收费

主要内容：电子交通交易等。

（7）紧急事件和安全

主要内容：紧急情况的确认及个人安全、紧急车辆管理、危险品及事故的通告、出行安全、对易受袭击道路使用者的安全措施和智能枢纽。物理框架中，考虑紧急事件管理中心模型和对外接口。

（8）综合运输（枢纽）

主要内容：综合枢纽、多式联运管理。

（9）智能公路

主要对象：先进的车路信息与运行系统等。

3. ITS 技术评价体系

ITS 的技术评价主要可从两方面进行：基于体系结构各部分特征的系统性能评价，即定性分析为主的评价；基于 ITS 各部分系统设计的运行性能评价，即定性与定量结合的评价。系统性能评价包括：

（1）对 ITS 用户的支持

该指标是为了评价 ITS 体系结构的系统功能是否满足不同用户的需求。在中国的大部分城市，应充分考虑到自行车交通用户及公共交通用户的需求。

（2）系统的灵活性和可扩展性

该指标主要指体系结构在技术上是否具有灵活性和可扩展性。灵活性指体系结构对不同类型技术的兼容和限制程度。

（3）车辆性能

包括用户出行时间减少、用户安全性提高、非用户出行时间减少、非用户安全性提高等。

（4）系统功能的多级性

该指标用以衡量体系结构对每一市场包内和市场包间不同功能的支持能力。为达到系统功能多级性的目的，体系结构首先必须模式化，便于把不同的功能分配到体系结构中不同的领域。在评价系统功能的多级性时，可以从下列两个子指标进行评价：①技术水平的兼容性。在体系结构的每一市场包内和市场包之间，结构功能能够兼容从低级到高级、差异变化大的各类技术。②界面的标准化。为了鼓励 ITS 产品和服务的多级化，必须使得 ITS 的产品具有可互换性和兼容性，这使得界面的标准化显得至关重要。

（5）实施的递进性

该指标主要包含以下两方面：①ITS 体系结构与现有设施的包容性和可协调性；②随着 ITS 相关技术的进步，ITS 体系结构的可发展性。

运行性能评价包括：

第一，交通预测模型的精确性。包括数据采集技术精度、预测数据处理和算法精度、对交通系统效益的影响。

第二，交通监测和控制的效率。该指标是指体系结构中，交通管理子系统实时收集、处理和发布大量的出行方式和系统运行信息的能力，包含以下两个子指标：①数据的收集和实时传输的能力；②数据实时处理能力。

第三，交通管理中心的效率。该指标是指交通管理中心之间的协调水平以及交通管理中心和其他相关的管理中心之间（如信息提供者、公共交通管理中心、紧急事故管理中心等）的协调和协作水平。

第四，定位准确性。目前存在大量的定位技术，如 GPS 等，每种定位技术都有一定的误差，小到 1 米大到几十米。定位准确性就是衡量实际定位精度与期望定位要求的适应性。

第五，信息传输方式的有效性。信息传输方式一般可以分为两种：有线通信和无线通信。由于有线通信相对于无线通信不存在传输容量的限制，也很少会发生传输障碍（除非线路被截断），所以评价的重点是无线通信方式。对于无线通信可以用下列主要指标进行评价：①总流量；②线路平均流量；③线路延误统计。

第六，通信系统容量的充分性。相对于预测需求的数据量，规划的通信系统能否满足系统容量的要求。

第七，系统安全性能。该指标主要包含通信安全和数据库信息安全。安全保障子指标描述如表 6-2 所示。

表 6-2　安全保障子指标描述

指标	描述
通信安全	身份认证：ITS 体系框架需要确定请求服务的用户。为避免用户的欺诈行为，可以使用智能卡和数字签名来执行服务。 匿名系统：为防止非法者利用 ITS 跟踪车辆和个人，计算机并不储存个人或车辆的身份，如电子收费系统并不记录付费者是谁
数据库信息安全	除通信安全外，对于一些数据库，ITS 体系框架还需要有防止安全泄漏的措施

不同系统的安全等级由高到低可以分为 A、B、C、D 四级（每个等级包括比它低的等级的功能），同一等级内部又分解为不同的子等级，见表 6-3。

表 6-3　安全等级特征描述表

安全等级	功能和特征
D	提供最低限度的保护
C	自主保护与校核能力
C1	用户识别与身份认证
C2	通过登录来为其行为负责
B	强制保护
B1	清除控制和敏感性标签
B2	设备安全标签和描述性政策模型
B3	为指定对象分配用户名
A	正式的顶级规范和认证

第八，地图更新能力。该指标指 ITS 体系结构中，用户通过一些方式定期进行地图更新的便利性和快捷性。

第九，系统可靠性和可维护性。系统的可靠性及可维护性指标主要指在体系结构内是否会出现一些风险，导致服务和系统性能的不稳定。这些风险通常发生在较为重要的系统管理中，如交通管理应用系统、车辆安全应用系统（AVSS）。在实际中可以通过好的设计来降低这种风险。

第十，降级模式下的系统安全和可利用性。该指标主要指 ITS 体系结构中，在系统实施的过程中降级服务的能力。

在降级服务模式中，不仅有服务的降级，还有到达最终用户时错误信息的升级。当系统在降级模式中有毫无意义和错误的信息通过时，其运行的可靠性会有较大变化，结果可能导致服务丢失或影响服务设施的可靠性。

对 ITS 的技术评价是在单项评价的基础上，通过确定各个分项指标视其对项目的重要度给予一定的权重，由权重与所选定的多目标评价模型（如层次分析法、模糊综合评判法、灰色关联分析法等）计算综合技术评价效果，得出 ITS 综合技术评价结论。

（三）社会环境评价

ITS 项目社会评价是分析拟建项目对当地的影响和社会条件对 ITS 项目的适应性和可接受程度，评价项目的社会可行性。ITS 项目环境影响评价是对在某特定环境区域内，由于某项 ITS 项目的建设和运行，打破环境的原有构成，对该区域环境质量带来的影响所进行的分析和评估。ITS 项目的环境影响评价主要是评价对环境带来的正面效益。

1. 社会环境评价的特点

（1）宏观性和长期性

对项目的社会评价所依据的是社会发展目标，考察投资项目建设和运营后对实现社会发展目标的作用和影响。进行社会环境评价时，须认真考察与项目相关的各种正面、负面的影响因素。同时，社会环境评价是长期的，一般经济评价只要考察投资项目不超过 20 年的经济效果，而社会评价通常要考虑一个国家或地区中的远期发展规划和要求，短则几十年，多则上百年。

（2）难以定量化

社会发展目标是可以用货币定量的，而社会因素往往比较复杂，项目对这种目标的贡献与影响往往是难以量化的。因此社会评价以定性分析为主。

（3）目标复杂多样

社会评价需要从国家、地方、社区三个不同的层次进行分析，做到宏观分析与微观分析相结合。社会评价目标是多样的，需要综合考察社会生活各个领域与项目间的相互关系和影响。

2. 社会评价原则

（1）客观性原则

为准确、全面地反映项目的效益水平，社会分析必须保持客观、科学。

（2）全面评价原则

应兼顾系统内外因素，用动态、发展和变化的观点来看待事物和事物变化规律。

（3）定性与定量结合原则

由于项目的社会环境分析涉及范围广、内容繁杂、难度大，因此应尽可能将定性指标定量化，尽可能多地采用定量分析。

3. 评价指标体系

根据 ITS 项目对社会环境、社会经济、自然资源和自然与生态环境四个方面的影响，构建 ITS 项目社会环境评价指标体系见表 6-4。

表 6-4　ITS 项目社会环境评价指标体系

目标层	准则层	指标层	子指标层
ITS 项目社会环境评价	社会环境影响	减少危险品运输可能的灾害	—
		调整城市结构布局	对产业布局的影响
			对人口分布的影响
			对路网布局的影响
			对土地开发的影响
		提高国民素质	促进高水平人才培养
			促进交通参与者守法意识提高
			提高对高新技术的认知
		提高交通管理服务水平	促进体制改革与法制建设
			加强服务意识
			提高管理人员素质
		推动相关产业经济的发展	—
		促进科技进步	—
		影响社会就业水平	—
	社会经济影响	降低行车成本	—
		减少出行时间	—
		提高车辆利用效率	—
		延长车辆使用时间	—
		减少交通对能源的需求	—

续表

目标层	准则层	指标层	子指标层
ITS 项目社会环境评价	社会经济影响	满足出行需求，提高生活质量	改善交通出行结构
			提高出行舒适性
			提高出行安全性
			提高出行便利性
		促进周边旅游资源开发利用	—
	自然资源利用价值	土地资源利用价值	—
	自然与生态环境改善	噪声改善效益	—
		大气改善效益	—
	环境影响经济评价	环境影响综合经济损益度	—
		ITS 项目投资经济损益度	—

4. 评价方法

ITS 项目的社会环境因素多而复杂，许多指标很难量化，因此定性分析方法在社会环境评价中占有很重要的地位。常用的定性分析方法有有无对比法、排序打分法等。

（四）风险分析

1. 风险分析目的

第一，辨识具有潜在问题的领域；

第二，量化与这些潜在问题有关的风险；

第三，评估这些风险影响的大小；

第四，寻找降低风险的措施。

2. 风险分析步骤

与其他系统工程风险分析一样，ITS 系统风险分析可分为三步：

第一步：辨识潜在的风险项目，即判断所研究开发的 ITS 项目中，哪些方面存在问题；

第二步：定量估计风险，并将风险项目分类（一般分为低风险、中风险和高风险三种），以确定其中的关键项目；

第三步：确定各种降低风险的途径。

3. 风险分类

我们一般依据风险因子的大小进行风险分类。风险因子是一个涵盖两个相互影响变量的变量，一个是失败的概率（P_f），一个是失败造成的后果（c_f）。因而，风险因子为：

$$RF = P_f + C_f - P_f \times C_f \tag{6-1}$$

当 $RF < 0.3$ 时为低风险。此风险是可以辨识并能对其影响进行监控的风险。这种风险发生概率较低，起因也无关紧要，一般可以通过设计部门进行正常监控。

当 $0.3 \leqslant RF \leqslant 0.7$ 时为中等风险。中等风险是可以辨识的，这种风险将对系统的技术性能、费用和进度产生重大影响，发生概率较高，需要对其进行严密的监视和控制，应当在各个阶段进行关注和控制，并采取必要的措施降低风险。

当 $RF>0.7$ 时为高风险。这种风险发生概率很高，后果将对系统工程全局有重大影响。这种风险只能允许在 ITS 研制的方案阶段或初步设计阶段存在。必须严密监视每一个高风险领域，同时采取切实有效的措施降低风险，并进行定期报告和评审。

4. 风险辨识

风险辨识的任务是要确定整个 ITS 工程系统中有潜在问题的项目，明确在所研制的子系统中哪些地方有风险、引起这些风险的主要因素是什么、这些风险造成的后果如何，在 ITS 的寿命周期内，在计划、技术、试验、建设、工程、管理领域中总是存在一定的风险。计划风险包括资金、进度、合同履行等风险。技术风险包括可能采用的新技术和新性能方面的风险，同时还涉及设计概念的可行性，采用新产品和新软件带来的风险等。试验、建设风险包括采用新标准、新方法、新工艺、新材料等方面的风险。工程风险主要与可靠性、维修性、安全性等方面的风险有关。管理领域的风险主要在于采用新组织、新标准和新目标引起的风险。因此在进行 ITS 风险辨识时，应当从任何一个能辨认出潜在问题的信息源中进行风险辨识。这些信息源包括类似工程经验与教训、技术和规范文件、技术性能分析、进度计划与可能、寿命周期费用分析等。在进行具体分析时，应对 ITS 系统工程的所有方面进行评估，以发现其潜在的风险。风险辨识通常可以通过工作分解结构进行逐项辨识，在此基础上采用 Delphi 法进行专家调查分析。

5. 风险管理

风险管理的主要任务是采取控制和降低风险的技术与方法，使风险降低到可以接受的程度。常用的降低和控制风险的技术有回避风险、控制风险、承担风险和转移风险。ITS 这样的大型复杂系统工程风险主要取决于系统任务的明确性、技术风险、进度风险和费用风险。所以，减少 ITS 系统工程风险的途径在于：

（1）及早明确系统工程任务要求

在 ITS 系统建设过程中，及早明确系统工程任务主要注意以下五点：①系统工程任务要求完全确定的时间不能晚于方案设计阶段结束的时间；②使用部门必须以工作说明和技术要求提出明确的任务要求；③主要任务要求或设计要求应当以可以度量的参数形式加以描述；④各项技术要求要以系统规范、分系统规范、部件规范等文件形式加以确定；⑤主要建设和生产单位有责任保证使分承包单位获得完整的、确定的技术要求。

（2）减少技术风险

技术风险的减少一方面要控制风险大小，另一方面要采取减低风险的措施。控制系统工程项目的进度风险，就是在各种项目设计中，采用新技术和新产品要遵循以下准则：①尽可能采用现有的并证明有效的技术和产品；②只有在确认新技术和新产品成熟后才能采用；③在采用某些重大新技术方案时，考虑后备方案。

如果采用的新技术中包含有中等或高等风险，则要根据风险级别高低确定减少风险的途径。主要方法有：第一，着手进行平行的研制工作；第二，进行广泛的发展试验；第三，进行仿真研究，做出性能预测；第四，请有关专家进行评审设计；第五，加强研制过程的评审和管理。

（3）减少进度风险

减少 ITS 工程项目的进度风险的主要措施有：①不允许在研制阶段存在技术性能属高风险的项目，中等风险的项目也要尽可能减少；②合理安排工程的进度计划，且应留有余地；③保证用于工程项目的资源是充分的、可供使用的；④参与项目的工作人员，尤其是关键部门人员应该具有类似的工作经验；⑤选择管理水平高、信誉好的企业作为供货商；⑥采用科学的决策方法和管理方法。

（4）减少费用风险

减少 ITS 系统工程费用风险，可以采取的措施有：①根据实际情况，合理预测费用，并提出预期的投资总量；②合理分配各阶段资金，防止研制早期阶段投资不足引起的费用风险，同时防止实际拨款推迟后引起进度拖延；③根据工程系统的风险辨识和风险评估，合理预测风险费用，并把风险费用包括在总费用之内；④在签订研制或建设合同时，必须明确项目任务要求，并以量化参数提出；⑤用多种方法合理估算系统工程费用，在研制过程中不断进行修正；⑥根据风险状况确定合同类型；⑦在投标过程中，合同报价应该与预测的研制费用基本一致。

（五）ITS 项目综合评价

ITS 项目综合评价是在进行技术、经济、社会环境评价以及风险分析的基础上，对各方面评价结果（包括评价指标、评价方法等）进行汇总，全面、综合地评价 ITS 项目，为项目可行性研究、方案选择以及决策提供依据。

综合评价包括单项评价指标权重的确定、评价结果的综合分析两部分内容。首先，单项评价指标权重的确定主要是采用 Delphi 法给出技术、经济、社会环境、风险四部分结果的权重值，其次，基于各权重值利用模糊综合评判等方法进行 ITS 项目的综合评价，并得出最终的 ITS 项目评价结果。

第四节　ITS 保障机制

一、政策保障

在我国交通领域分块式的行政管理体制下，政府的政策引导、协调作用对发展 ITS 至关重要，ITS 政策保障就是要求政府和交通管理部门制定能满足 ITS 发展所需要的相关政策。ITS 发展需要的政策保障包括政策的适宜性、政策的连贯性、政策执行情况的分析等内容。

（一）政策的适宜性

政策的适宜性主要分析政府、主管部门制定的相关政策对发展 ITS 起促进或妨碍作用，现行政策能否满足发展 ITS 的政策环境需求。政策的适宜性主要分析土地使用、资金支持、税收优惠、部门间协调、人才吸引、宣传引导等政策能否满足 ITS 发展的需要。

（二）政策的连贯性

政策的连贯性主要分析政府、主管部门制定的相关政策的效力期限长短，包括政策稳定性、政策继承性等方面的分析。政策稳定性、政策继承性反映政策的形成机制以及政策制定、政策管理的水平，是分析 ITS 发展可能遭受的政策环境变化影响的重要方面。ITS 是一个动态系统，不仅需要政府现行政策的支持，还需要把握政策前景，从现行政策中能预见可获得的新政策的支持。ITS 需要巨大的资金投入，投资回收期长，因此，政策的连贯性是 ITS 发展的重要保障。

（三）政策执行情况

政策执行情况主要分析政府、主管部门制定的相关政策能否真正贯彻执行，反映各级执行机构内部相互间的协调性以及对待政策的严肃性。ITS 的发展不仅仅需要政府、主管部门制定出有利于 ITS 发展的政策，更重要的是需要把这些政策不折不扣地贯彻落实，ITS 的发展需要对政策执行情况进行分析。

二、经济保障

ITS 的发展需要强大的经济支持，要求从经济发展现状出发，分析发展 ITS 是否具备的必要经济条件。ITS 发展的经济保障包括经济发展水平分析、经济发展阶段分析、产业结构分析等内容。

（一）经济发展水平

经济发展水平是经济发展程度高低的一种客观反应，是制定 ITS 发展战略的必要基础。经济发展水平的度量，通常使用的主要指标有国内生产总值（GDP）或国民生产总值（GNP）。也可以通过计算综合指数来衡量，如用建立在经济规模、经济增长活力、区域自我发展能力、工业结构比重、结构转化条件、人口文化素质、技术水平指数、城市化水平指数、居民生活质量指标基础之上，通过几何平均法合成得到一个综合评价指标，即地区经济社会发展水平综合指数来衡量区域经济发展水平。经济保障主要分析区域经济能否提供发展 ITS 必要的经济支持，决定了 ITS 发展的可行性。

（二）经济发展阶段

通过对经济发展阶段的分析，了解经济发展的客观趋势和内在规律，有助于明确一定时期特定经济发展特点、方向、目标和任务，从而为制定正确的 ITS 发展战略提供科学的决策依据，确保 ITS 与经济的发展形成相互促进的良好关系。

（三）产业结构

通过分析产业结构现状与发展趋势，明确 ITS 的相关产业发展能否支持 ITS 的发展，以及 ITS 的发展能否合理引导产业结构的优化。

三、技术保障

ITS 是一个多种技术高度集成的系统，对技术依赖度高，没有可靠的技术保障，ITS 的功能难以实现。同时，技术又是发展变化的，要求在发展 ITS 时，认真分析 ITS 技术发展趋势，以免造成 ITS 发展过程中不必要的浪费。

（一）技术的先进性

ITS 是多种先进技术的综合应用，离开先进技术的支持，ITS 的发展将举步维艰。

（二）技术完备性

ITS 需要多种技术的有效融合，某一领域或某一环节的技术薄弱都将可能对 ITS 的发展产生严重的制约。

（三）技术适应性

ITS 技术适应性主要分析 ITS 的技术选择是否适应各区域自然条件的特点，设备的容量能否满足 ITS 发展的需要。

四、社会文化环境保障

ITS 的发展离不开一定的社会文化环境，它们相互依存、相互影响。社会文化环境对 ITS 的影响表现在两个方面：一是促进 ITS 发展，二是阻碍 ITS 发展。一般而言，ITS 发展若与社会文化环境相适应，那么社会文化环境就会促进区域 ITS 的发展，反之则阻碍 ITS 的发展。

社会文化主要涉及价值观念、风俗习惯等方面；价值观念是人们对事物的评价体系，不同的文化背景有不同的价值观念，因而判断是非的标准有很大差别。风俗习惯是民族哲学观念在人们生活中的体现。社会文化直接影响 ITS 的认同度、满意度、消费理念和消费偏好，通过对社会文化环境的分析，以明确 ITS 推进策略和 ITS 服务定位。

第七章　交通运输产业与可持续发展政策

第一节　交通运输产业布局政策

一、产业布局的基本理论

（一）产业布局的基本内涵

1. 产业布局的定义

产业布局是指产业在一定地域空间上的分布与组合，是一种具有全面性、长远性和战略性的经济布局，是人类从事社会生产和经济活动的地域体现和空间体现。产业布局有狭义与广义之分，狭义的产业布局是指工业布局，广义的产业布局是指各种生产要素以及由生产要素系统支撑的产业在地域空间上的分布与组合，包括农业、工业、服务业在内的所有产业。

2. 产业布局的层次性

产业布局是一个纵横交错、动静结合的复杂系统。从纵向角度考察，产业布局关系到同一产业在各地区的配置与关联；从横向角度考察，产业布局是集聚于同一地域空间的各产业的关联与组合；从静态方面衡量，产业布局是指产业生产力在一定地域空间的分布状态；从动态方面衡量，产业布局事关产业生产力诸要素在空间地域上的安排部署和调整。

从空间分布状态上分析，产业布局可以分为三个层次：一是宏观布局，这是产业布局的战略环节，主要任务是确定各大经济区的区际分工格局及长远发展规划，确定各产业在全国的总体布局与轮廓方向，确定全国运输网络、电网系统的架构以及产业带走向与发展等；二是中观布局，这是产业布局的中间环节，主要任务是制定区域性经济发展战略，确定地区的产业结构及其升级规划，确定各产业基地与城镇的布局等；三是微观布局，这是产业布局的基层环节，主要任务是确定产业基地以及城镇内部基础设施的配置，具体落实大型企业的选址，等等。

（二）产业布局的影响因素

一般来讲，产业布局主要研究各种生产要素在一定空间区域内的配置，以及这种配置对国民经济发展的影响。构成和影响产业布局的基本因素主要有自然因素、社会因素、集聚因素、人力资源因素、市场因素、运输因素等。总的来说，产业布局主要有自然和社会两大影响因素。影响产业布局的自然因素主要有自然条件因素和自然地理因素；影响产业布局的社会因素主要包括经济因素、政治因素和文化因素。

二、交通及其对经济活动区位的一般影响

（一）交通要素对经济活动的影响

1. 交通网

交通网是交通现象的第一个要素，交通网由点和线组成，点即通常的汽车站、火车站、港口、机场等；线则是连接点与点的铁路、公路、水路以及空路（航线）等。线具有长、宽，长表示点与点之间的空间距离、时间距离以及经济距离等，宽则表示通行强度(运输容量)。

2. 交通流

交通流是交通现象的第二个要素，即人和物质的移动。

3. 地域

地域是交通现象的第三个要素，是指交通流与交通网分布所依托的一定地理范围与空间。

（二）交通网的分布和联系

交通网是实现人与物质空间流动的重要手段。交通网可以用密度与结构来表述，其中交通网结构可以用连接度和通达度来表述，完善的交通网络通常密度大、连接度高、通达度好；交通网的密度是指在某一区域内单位面积的运输线路总长度，同时还必须考虑到运输线路的类型以及总通过能力的差异。

（三）交通运输对经济活动区位的影响

经济活动区位存在于地理空间之中，但是地理空间的有限性抑制了经济活动的范围，

并产生了围绕经济活动的区位竞争同时，经济活动还受到空间移动的制约，即受到空间摩擦或距离摩擦的制约，这一空间移动主要是由交通运输来完成的。

1. 运费与经济活动区位

生产与消费的空间分离是现代经济活动的一个重要特征，交通运输是影响经济活动空间结构与组织的重要因素之一：运费主要由线路运行费和站场费两大部分组成，线路运行费与运输距离相关，是运输距离的线性函数；站场费通常与运输距离无关，仅与装卸、站场设施以及管理维护费有关。为了减少由于不必要转运而引起的站场成本增加，著名区位经济学者胡佛提出了端点区位优于中间区位的原理。

2. 点—轴交通系统与经济活动区位

经济增长的中心不一定是一个点，而可能是一条线段，如某种交通条件联系了某几个发达城市，从而形成“增长轴”；增长轴通常由个别点发展而来，并可能更迅速地发展成区域。这种理论又被称作“点—轴”理论。

“点—轴”理论认为，发展轴线由以交通干线为主体的线状基础设施组成，发展的主体部分是直接处于线状基础设施或其交叉点上的城市、工矿区、港口等，发展轴的直接吸引范围由三部分组成。根据发展轴的线状基础设施种类不同，发展轴可分为海岸发展轴（如我国沿海重点开发轴线）、铁路干线沿线发展轴（如苏联东西向铁路干线形成的发展轴）、大河河岸发展轴（如我国黄河上游发展轴）、复合型发展轴（两个以上运输通道形成的轴线，如德国的莱茵发展轴）四种类型。

3. 枢纽—网络交通结构与经济活动区位

现代地理学将空间结构划分为嵌块、廊道和基底单元。嵌块是空间结构中较小的均质单元，它对空间结构的性质有引导活化作用；廊道是空间中线性或带状的部分，具有通道作用或障碍作用；基底是连续的空间背景条件。由于交通线的存在，围绕中心可能形成以中心为嵌块（枢纽），交通线为廊道（网络），其他产业点或城镇为基底的枢纽—网络结构，由各功能节点共同构成空间结构，其中典型的是港口网络。

三、交通在空间布局上的适应性

（一）运输网的形成和演变与空间适应性

在工业化初级阶段，运输对象从以农产品和手工业产品为主，转向以大工业所需要的矿物能源、原材料及半成品和产成品为主。运河是现代运输工具出现之前的最后一种早期运输方式，通过运河能够组成联系广泛的内陆水运网，这时整个经济活动产生的人与货物位移总体比较小，地区之间的经济活动相对隔绝，早期的运输网基本是在自然条件基础上形成的。

19 世纪的大工业生产使得交通运输与经济发展的传统关系发生了根本性改变，生产资料的大规模集中和机械化大生产使得原料供应量大大超过工场手工业的水平，加工中心距离新原料产地更加遥远；同时，大量产成品需要新的市场，使得产成品的运输数量和距离大大增加。随着机械动力的运输工具逐步取代早期运输工具，社会运输能力迅速扩大，位移的速度明显提高，开始了铁路网的迅速扩张时期。

汽车和飞机出现后，公路运输的迅速发展很快打破了在铁路网上形成的运输网结构。随着人均收入水平的提高，个人的活动范围扩大，移动量不断增加；同时，货物运输种类也从原材料转向高加工产品，对运输质量提出了更严格的标准，必须满足小批量和灵活多变的生产以及“零库存”和全球体系的需要，为此要求更迅速、更方便和更完善的运输网。此时的运输资源配置同样发生了变化，即在各个现成路网上出现了边际效应递减，更需要网络的衔接和枢纽运行效率，客货中转和换乘效率成为整个运输过程的关键环节。

（二）运输网布局与经济空间结构

经济空间结构是指社会经济客体在空间中的相互作用和相互关系，以及反映这种关系的客体和现象的空间集聚规模和集聚形态。经济活动的空间格局与联系，既需要运输作为基础，又对运输网布局有着日益深刻的影响。国家运输资源的空间配置最终都围绕国家区域经济框架进行，运输线路与运输流量在空间的网状分布，与社会经济一切客体的活动轨迹和组织状态有着同构性。

在每个经济发展阶段，工业和城市集聚区作为国家经济发展的主要动力和经济空间结构的基本框架，形成了区域空间结构的组成部分；其中一部分的单个工业和城市集聚区，则形成了整个经济空间结构的子结构。由于区域产业特征和城市规模的差异，从而形成具有不同特征的子结构。子结构同构则产业类型和城市规模的差别性小，相互关联性弱；子结构不同构则相互关联性强。经济空间的内部子结构特征及其差异性是决定一国交通布局和区域间客货运输量大小的重要因素，子结构同构的区域间交换的运输量较小，子结构不同构的区域间交换的运输量较大。

（三）运输网布局和运输方式选择与产业布局

经济空间随着所反映地区内在联系的波动和演变发生结构变动，运输布局也随之不断变化，在不同的经济发展阶段，经济空间结构与运输网布局和运输方式的选择具有一致性。

总之，每个国家具有不同的人口和资源禀赋，经济空间结构也有差别，需要在此基础上考虑运输布局问题。具体而言，搞好运输布局，首先，应判断经济发展的阶段，分析区域经济空间分布特征、集聚与分散的关系，预测区域经济空间结构状态的演变趋势，进而做到运输布局与经济空间结构的同构；其次，运输布局应与国际贸易的需要相适应，根据产业和人口分布的特点，在运输布局时必须考虑港口布局、内陆运输与远洋运输的协调，保证外贸物资的畅通，节约运输成本，促进经济发展。

第二节　交通运输产业组织与技术政策

一、交通运输产业组织与产业技术概述

（一）产业组织概述

1. 市场结构

在产业组织理论的 SCP 分析框架中，市场结构是最重要的因素。所谓市场结构，就是规定构成市场的卖者（企业）之间、买者之间以及卖者和买者之间等诸关系的因素及其特征。

（1）市场结构类型

根据竞争和垄断程度，一般把市场结构分为完全竞争的市场结构、完全垄断的市场结构、垄断竞争的市场结构和寡头垄断的市场结构四种类型。完全竞争市场和完全垄断市场是两个极端。垄断竞争市场和寡头垄断市场是介于这两个极端之间的中介状态，是竞争和垄断的不同程度的结合，又称不完全竞争或不完全垄断市场。这四种市场结构形式各有优缺点，适用于不同的产业。

（2）市场结构的决定因素

决定市场结构的因素包括市场集中、规模经济水平、产品差别化、市场进入与退出壁垒、市场需求增长率、市场需求的价格弹性等，其中又以市场集中、产品差别化、进入和退出壁垒三个因素为主。

2. 市场行为

（1）企业价格竞争行为

企业的价格竞争行为是指存在着相互依存关系的寡占企业，为达到控制市场、增大利润的目的而采取的价格串谋行为。常见的有卡特尔、价格领导和有意识的平行调整等价格串谋行为，卡特尔是指以限制同业竞争、控制市场、谋求更高利润为目的的同一产业内部两个或两个以上企业间的一种协调形式；价格领导是暗中串谋定价的主要形式，即由某一企业率先调价，随后产业内部的其他企业随即调价，包括支配型价格领导、串谋型价格领导和晴雨表型价格领导；平行调整行为也是一种暗中配合的调价方式，即追随者按照一定的价格差平行地追随价格领导企业进行调价。

（2）企业产品或服务竞争行为

企业产品或服务竞争行为就是产品或服务差别化策略性行为，属于非价格竞争行为。企业可以从改善产品的物理特性、营造产品的品牌、提供全面的优质服务等方面来提高产品竞争力。一方面，由于产品竞争使得该产业的总生产成本上升，对所有企业都不利，因此，产品竞争最终也会导致寡头企业间对产品策略的协调行为，即产品串谋行为产品串谋不需要采取明确的协定或合同形式，但却具有与协定同样的效果；另一方面，企业的产品竞争行为相比，价格竞争行为的协调程度更低，单个企业独自采取行动的余地相对较大，对于尽可能回避价格竞争的寡头垄断企业而言，产品竞争这种非价格竞争行为是企业间竞争的主要手段。

（3）企业排挤对手的竞争行为

企业排挤对手的竞争行为可以分为两类：一类是合理的排挤行为，是通过正常的竞争手段使另外一些企业被排挤出市场或被兼并；另一类是不合理的排挤行为，是通过限制竞争和不公平的手段来排挤、打击或控制竞争对手典型的不合理排挤竞争对手的策略。

3. 市场绩效

（1）产业的规模结构效率

产业的规模结构效率反映了产业经济规模和规模效益的实现程度，是市场绩效的重要方面。产业规模结构效率既与产业内部单个企业的规模经济水平密切相关，又反映出产业内部企业之间的分工协作水平的程度和效率；产业内部的企业规模结构和市场结构是影响产业规模结构效率的主要因素，衡量某个特定产业的规模结构效率可以从三个方面进行：一是用达到或接近经济规模的企业的产量占整个产业产量的比例来反映产业内部经济规模的实现程度；二是用实现垂直一体化企业的产量占流程各阶段产量的比例来反映经济规模的纵向实现程度；三是通过考察产业内部是否存在企业生产能力的剩余来反映产业内部规模能力的利用程度。

（2）产业的资源配置效率

资源配置效率是反映市场绩效优劣的重要标志，市场机制的正常运行能保证资源的最佳配置，表现为社会总效用或社会总剩余的最大化，即社会福利最大化。经济学一般用消费者剩余、生产者剩余和社会总剩余三个指标来全面分析和衡量社会资源配置的效率状况。消费者剩余是指消费者从按某一特定价格购买一件商品中所获得的效用，减去为此所支付的价格之后的净得利益；生产者剩余是销售收入和生产费用的差额；社会总剩余是消费者剩余和生产者剩余之和在产业组织学的研究中，利润率经常被作为衡量行业市场资源配置效率的指标，产业间是否形成了平均利润率，是衡量社会资源配置效率是否最优的一个最基本的定量指标。

（3）产业的技术进步

产业的技术进步是市场绩效表现的重要方面，受市场结构和市场行为的影响。究竟是什么样的市场结构有利于促进产业技术进步，存在两种截然不同的观点。一种观点（熊彼特假说）认为，垄断性市场结构有利于技术创新：一是研究开发需要巨额投资；二是研究开发需要高度的科学知识和复合的技术积累；三是研究开发投资存在很大风险性；四是在研究开发设备的建设、利用方面也存在着规模经济性，为此大型垄断企业更符合产业技术进步的需要。另一种观点则强调竞争因素能更大限度地激发创新：第一，竞争性市场结构的大量小企业价格竞争和非价格竞争非常激烈，改进生产技术并提高生产效率是非价格竞争的主要手段；第二，垄断性市场结构中的寡占企业往往拥有强大的市场控制力，使得大企业自身压力减小，进而失去技术进步的动力。

（4）生产的相对效率

生产的相对效率主要是从产业内部企业是否实现了规模经济性以及现有生产能力的利用程度方面，分析资源在产业内部的有效利用程度。生产能力过剩和生产能力不足都是生产的相对效率不高的表现。一方面，在经济周期性循环发展过程中，需求和供给并不总是保持某种均衡，因此，存在一定程度的生产能力过剩或生产能力不足现象；另一方面，如果某一产业长期存在生产能力过剩或生产能力不足的现象，意味着该产业内存在着阻碍生产要素流动的因素，则可视作资源浪费的表现。究其原因，寡头企业之间可能通过各种协调行为，在经济不景气时继续维持特定价格和利润率水平，从而阻碍生产要素从该产业流出；同时，当产业生产能力不能满足市场需求时，处于垄断地位的企业构筑的进入壁垒会阻碍生产要素的流入，造成资源严重短缺。

（5）销售费用

企业在开展产品竞争的过程中，产生的销售费用合理与否是衡量市场绩效的一个重要标准。企业可以运用广告宣传自己的产品，营造品牌，增加企业美誉度，但是过度的广告宣传也会造成资源浪费，并且这种过度的广告活动又经常和夸大甚至虚假宣传相关联。

总之，市场结构、市场行为和市场绩效之间是相互作用、相互影响的。一般来说，市场结构对市场行为、市场行为对市场绩效的影响是相对主要的；而市场绩效对市场行为和市场结构、市场行为对市场结构的影响是相对次要的。

（二）产业技术概述

1. 产业技术基本情况

（1）产业技术定义

产业技术是系统化的技术，是技术演化到产业层面的一种形态，是以一定的主导技术为核心，多种生产技术相匹配，具有特定结构的技术体系，它首先是由技术构想而产生的技术发明，经过设计、试制和试验等环节，被纳入生产过程成为生产技术；然后，各种单一的生产技术经过匹配整合在一起，形成一个系统化的整合体，最终实现技术目的。

（2）产业技术的内涵

产业技术的内涵包括以下四个层面：

第一，产业技术是现实性的技术。与技术构想和技术发明相比较，产业技术能够产生直接的经济价值，是现实的生产力。

第二，产业技术是系统化的技术。一项技术构想或发明需要产业化，将其自身形态转化为产业技术；同时，产业技术间通过匹配、契合而形成的结构关系决定了产业技术的系统化特征。

第三，产业技术是制度化的技术。一项技术进入某一产业后，需要建立规章条例和标准规范等制度来协调与管理对该项技术的应用，使之成为制度化的技术。

第四，产业技术是竞争性的技术。产业技术是经过激烈的市场竞争优胜劣汰后剩下的技术，是基于市场供求关系所形成的一种均衡。

2. 产业技术发展的基本趋势

随着经济全球化的浪潮，任何一国产业技术的发展变化，都离不开世界范围内技术进步的影响和制约，总体而言，世界范围内的产业技术发展呈现出以下基本趋势：

（1）产业技术发展逐渐走向商业化和现代化

所谓高新技术，是指建立在一系列现代自然科学和工程技术的重大突破性成果基础上，能够形成产业规模和带来巨大经济效益的技术群，是科技尖端性和经济高效性的统一。20 世纪，人类在信息技术、生物技术、新材料技术、新能源技术、空间技术、海洋技术等高新技术领域取得了长足的发展，生产与生活方式发生了巨大的变化。21 世纪，高新技术仍将在生物技术、材料技术、能源技术、计算机技术、空间技术、通信技术、激光技术和机器人技术等方面取得突破性进展。

（2）产业技术发展逐渐趋向信息化和智能化

现代科技革命的实质和核心是信息技术革命，信息产业居于社会的主导地位，信息化成为现代社会的本质特征。智能化趋势表现为以信息技术代替人的脑力劳动，人的智力在经济发展中的作用将更大。

（3）产业技术发展趋向轻型化和效率化

所谓产业技术发展轻型化，是指产业技术的发展着眼于物质资源消耗的减少、质量的改善与效益的提高，体现在经济活动中：一是产品尺寸越来越小，重量越来越轻，性能越来越好。二是单位价值的产品重量在不断减轻。三是表现为单位产值的资源消耗下降，产业技术效率化，一方面表现为经济活动节奏加快，如西欧研制的超声速飞机只需 3 小时就可以从伦敦飞到纽约；另一方面表现为生产过程的节奏加快，产品生产周期大大缩短。

（4）产业技术发展逐渐趋向短周期化和科研生产一体化

技术发展短周期化的主要表现：一是产品工艺开发的周期越来越短，技术产品的寿命越来越短，产品更新换代的速度不断加快，如汽车更新换代的时间将从 10 年缩短为 3 年；二是科研成果转化为生产力直到退出生产领域的周期不断缩短，过去一种新技术从实验室走向生产应用往往需要几十年甚至上百年的时间，现在只需几年或几个月的时间就可以完成。同时，随着技术传播和转移速度的加快，普及效果将进一步增强，技术研发和扩散的阶段性日益不明显，最终实现一体化。

上述产业技术的发展趋势，将会对未来包括交通运输在内的产业发展产生重要而深远的影响。

二、交通运输产业组织政策

（一）运输产业组织政策概述

1. 运输产业组织政策概念

所谓运输产业组织政策，是指为了获得理想的运输市场效果，由政府制定的干预运输市场结构和市场行为，调节运输企业间关系的公共政策，运输产业组织政策的实质是协调运输业内部竞争与规模经济之间的矛盾，以维持正常的运输市场秩序，促进有效竞争态势的形成。运输产业组织政策是市场经济实践的产物，交通运输市场本身并不能依靠“看不见的手”自发地避免过度竞争，也不能防止企业大规模地采用合谋、垄断和价格歧视等不正当竞争手段来获取高额利润，因此，政府有必要制定相应的运输产业组织政策，规范运输企业的市场行为，从而更加合理地配置资源和提高市场效率。通过政府的干预，对运输产业的市场结构和市场行为进行有效的控制，将对提高市场效率起到积极的作用。

2. 运输产业组织政策的分类

从政策取向看，各国已有的运输产业组织政策可分为两种：一种是鼓励竞争、限制垄断的运输业竞争促进政策（反垄断、反托拉斯和反不正当竞争行为的政策），主旨在于维持正常交通运输政策概论的市场秩序；另一种是鼓励专业化和规模经济的运输产业合理化政策（兼并与合并政策和中小企业政策），主旨在于限制产业内部的过度竞争。两种政策虽然取向不同，但它们都有法律依据，即运输业内公路等部分行业的运输产业合理化政策必须符合《反垄断法》的原则精神；运输业内铁路等部分自然垄断产业中，限制竞争政策适用于《反垄断法》的“例外原则”范围，两者并不存在法律上的冲突。

从政策内容看，运输产业组织政策可分为运输市场结构控制和优化政策与运输市场行为控制和调整政策两种。前者是从运输市场结构方面禁止或限制垄断的政策，如降低市场进入壁垒、控制市场集中度等；后者是从运输市场行为角度控制各种妨碍竞争和不公正交易行为的发生。

需要注意的是，在特定时期内，不同国家所采取的运输产业组织政策的侧重点有所不同，这是由各国的经济发展水平和交通运输产业具体特点决定的。

3. 运输产业组织政策的目标

运输产业组织政策的目标可分为一般目标和具体目标。

运输产业组织政策的一般目标是促进运输市场的有效竞争，以提高产业内部的资源配置效率所谓有效竞争，是指交通运输产业组织处于既能够保持产业内部各企业之间的适度竞争，又能获得规模经济效益的状态，即可以兼容竞争活力和规模经济效益的竞争。

运输产业组织政策的具体目标包括六个方面：第一，运输企业应达到并有效地利用规模经济，运输市场的供给应主要由达到经济规模的企业承担，企业应有较高的开工率；第二，不应出现某些运输领域或企业长期获得超额利润或长期亏损的情况，从长期考察，各运输领域的资本利润率应比较均等；第三，较快的运输技术进步，主要指技术和产品开发、革新活动有效且比较充分；第四，运输市场上不存在过多的营销费用；第五，服务质量和水平较高，并具有多样性，以适应提高大众福利和消费水平的要求；第六，各运输方式应能够有效地利用自然资源。上述六项具体目标可以作为运输产业组织政策制定和评估的理论依据。

4. 运输产业组织政策的手段

实现运输产业组织政策目标的手段主要有以下三种：

一是控制运输市场结构，即对运输产业的市场结构变动实行监测和控制，保障其合理性。具体措施包括依法分割处于垄断地位的巨型企业，降低运输市场集中度，降低市场进入壁垒，建立运输企业合并审批制度，对中小运输企业实施必要的扶持政策等。

二是控制运输市场行为，即对运输企业的市场行为实施监督和控制，遏制垄断势力的扩大，保障公平竞争。具体措施包括禁止和限制竞争者的共谋、卡特尔及不正当的价格歧视；对运输企业的价格、质量实行全面监督，增加运输市场信息的透明度；对欺骗、行贿和中伤竞争者的各种不道德乃至非法的商业行为进行取缔和必要处罚。

三是直接改善运输市场内部不合理的资源配置，即政府对“市场失灵”的运输领域直接干预。具体措施包括政府直接投资于交通运输基础设施，对盈利不多或风险较大的重大技术开发项目提供资金援助，增加对运输领域教育、科研和技术推广的公共投资等。

（二）交通运输产业组织政策的具体内容

1. 运输市场结构与运输效率

（1）运输市场集中度与行业效率

市场竞争的程度与参与竞争的企业数目有关，企业越多，运输市场竞争越激烈。在市场竞争的过程中，效率高、竞争力强的运输企业不断扩大市场份额，由此导致运输行业集中度和利润率的同步提高，可以说，运输市场集中度的提高是运输市场竞争的结果，集中度提高意味着运输业效率的普遍提高，在经济上表现为高利润率，如果集中度下降，利润率水平也要下降。

从某种意义上说，当运输企业的规模较大、行业的集中度较高时，将比较有利于企业的创新和提高行业的技术效率在高集中度的市场中，前几位规模较大的企业，有能力采用先进的运输设备和管理手段，便于获得规模经济和范围经济，这些都有利于降低企业的生产成本，提高企业的生产和管理效率行业集中度的降低，将直接影响行业效率。

（2）运输市场结构的类型

按照市场竞争态势和程度的不同，运输市场结构可以分为完全竞争、垄断竞争、寡头垄断和完全垄断四种类型。

完全竞争的运输市场状态特征：一是市场上存在众多的运输企业，它们各自的运输能力相对于整个运输市场规模微不足道，不能影响市场价格而只能接受市场价格；二是所有的运输企业都提供无差别的运输服务；三是运输企业进出市场不受任何约束和限制；四是运输企业和顾客对市场情况有充分的了解，均可自由地获得市场的运价、运输供给量和运输成本的信息。

垄断竞争市场是处于完全竞争和寡头垄断之间的一种市场形态，表现为运输垄断与运输竞争同时并存，该类市场的状态特征为：市场上存在众多的运输企业；运输企业所提供的运输服务存在一定的属性差异；运输服务的替代性在不同运输方式之间、不同运输企业之间降低；部分运输企业可以在一定程度上控制和影响市场运价。

寡头垄断的运输市场表现为市场为少数运输企业控制。这类运输市场的状态特征是少数运输企业控制着市场的绝大部分运量，向运输市场提供相同的或具有一定差别的运力，同时这些企业之间也存在激烈的竞争。

完全垄断的运输市场也称为独占市场，其特征是市场上只存在一家运输企业，没有其他运输企业来替代；市场上不存在竞争，任何企业都不能进入其所控制的市场；该垄断企业能够决定市场运价或向市场提供运力的大小，并获得超额利润。

完全竞争的运输市场是一种理想状态，与之相对立的是完全垄断，在现实中，多数情况下的运输市场是介于完全垄断和完全竞争的中间状态，在经济学中被称为垄断竞争和寡头垄断。

(3) 寡头主导型运输市场结构是有效率的市场结构

运输企业规模的不断扩大是目前国际运输市场的一种趋势在世界航空运输业，随着市场的不断兼并和重组，航空公司的数目越来越少，企业的规模越来越大，单个企业的市场份额和产业集中度不断提高，已形成典型的寡头垄断市场结构。

总之，今后的运输市场结构发展方向将是“寡头主导，大小企业共生”型的市场结构，即寡头企业主导整个产业的发展，支撑整个产业的是众多中小企业与之相适应，未来运输产业组织政策也要围绕寡头主导型市场结构的构建而展开。

2. 运输产业反垄断政策

反垄断政策是国外一些国家运输产业组织政策的重点，这是因为发达国家的运输产业市场机制相对完善，主要问题是来自垄断势力对市场效率的破坏和由此造成的社会经济矛盾的激化。世界上的大多数市场经济国家都制定了运输领域的反垄断政策，虽然其形式和内容各不相同，但实质上的调整范围却具有相似性。

3. 运输产业合理化政策

(1) 运输产业合理化政策概述

运输产业合理化政策又称为产业组织结构优化政策，是旨在促进交通运输领域规模经济形成，改善运输产业组织结构，建立大批量生产方式和增加产业利润，实现交通运输产业振兴的基本政策。交通运输产业合理化集中表现为运输产业组织的合理化和高效化，其基础是服务流程的改组与重构，实现运输服务的规范化、标准化和定型化。一般而言，运输产业合理化政策主要包括并购政策和中小企业政策，其中各国政府广泛使用的是并购

政策。

（2）运输产业并购政策的主要内容

这一政策针对运输产业市场结构的变动实行监督、控制和协调，通过适当调节市场集中度来形成合理的市场结构。

①运输领域的兼并与合并

兼并与合并是交通运输领域企业扩张或整合的两种主要形式。兼并是指两个或两个以上的企业，由一个企业接管、吞并其他企业，从而取得后者的全部资产控制权；合并是指两家或两家以上的独立企业组合成为一个独立的经济实体、企业兼（合）并可以分为纵向兼（合）并、横向兼（合）并和混合兼（合）并三种情形。

②运输产业并购政策

运输产业并购政策一般包括组织重点产业并购、特别贷款并购，以及在一定程度上放松对并购活动的限制等。

③运输领域中小企业政策

一般来讲，中小企业是指相对大企业而言，资产规模、人员规模和经营规模都较小的企业运输领域（主要在公路、水运、运输辅助行业）。中小企业具有经营方式灵活、组织成本低廉、转移进退便捷等优势，因而能够适应当今瞬息万变的运输市场要求。但是，在与大型运输企业竞争的过程中，中小运输企业通常处于不利地位。大型运输企业能够以优惠的条件吸引到优秀人才；能够利用资本市场，以低成本筹集巨额资金；能够建立庞大的营销网络；能够自己开发运输新技术；能够进行运输市场调查并获得信息；等等。中小企业在这些方面都处于明显的劣势，使得政府有必要通过中小运输企业援助支持政策，帮助中小运输企业发展。

中小运输企业政策大致包括两个方面的内容：一是援助政策，即通过各种政策手段（如实行税收优惠、提供资金支持等）来鼓励中小运输企业的发展壮大；二是协调中小运输企业与大型运输企业关系的政策，即鼓励中小企业与大企业开展专业化协作等政策。

三、交通运输产业技术政策

（一）交通运输产业技术政策概述

1. 交通运输产业技术政策定义

交通运输产业技术政策，是指政府对运输产业技术发展实施宏观指导、选择、促进与控制的政策的总和，它以运输产业技术为直接的政策对象，是保障运输产业技术适度和有效发展的重要手段，交通运输产业技术政策包括产业技术开发政策和产业技术转移政策，后者又分为产业技术引进政策和产业技术扩散政策。

2. 交通运输产业技术政策的内容与手段

交通运输产业技术政策的手段可分为直接干预手段和间接干预手段两大类，前者包括政府依据有关交通运输产业技术进步的各种法规所实施的行政干预，诸如政府对引进运输技术实施管制、直接投资于运输产业技术开发和应用推广、主持和参与特定运输产业技术开发项目等；后者主要是政府为交通运输产业技术的发展前景、战略目标、项目重点等提供指导，以及为运输产业技术开发提供补助金、委托费、税制优惠和融资支持。

3. 交通运输产业技术政策的意义

（1）交通运输产业技术政策的地位

运输产业技术政策是交通运输产业政策体系的重要组成部分，它同交通运输产业组织政策、交通运输产业结构政策和交通运输产业布局政策是并列平行的。发展中国家在实现赶超目标之前，以国外先进运输技术的引进、消化和国产化为基本内容的运输产业技术政策，显然具有极其重要的战略意义；发达国家为了维持运输技术领先地位而对关键技术的支持与保护政策同样十分普遍，在未来的国际竞争中，能否运用政府职能弥补市场失灵的缺陷，有效地促进交通运输技术创新，将成为检验各国政府支持交通运输能力的尺度之一。

（2）交通运输产业技术政策的重要性

在知识经济初见端倪的今天，交通运输产业技术政策的重要性已越发突出，第一，交通运输产业技术正在日益高风险化和大规模化，所需的投资额度空前增加，其投资风险已无法由运输企业独立承担，从技术开发成本或技术安全来看，国家对运输领域高新技术的管理和政策介入已经成为重要课题；第二，当今运输技术领域中的国际竞争日趋激烈，广大发展中国家的交通运输产业技术与发达国家之间的差距正在呈扩大趋势，如果政府不积极采取相应措施，这种差距将可能进一步扩大，从而严重影响运输领域国际新秩序的建立。

（3）交通运输产业技术政策的必要性

交通运输产业技术政策的必要性体现在：第一，由于运输技术成果具有公共产品的性质，大多数运输技术开发的成本与运输技术的社会收益之间存在不对称关系，个人收益率总是低于社会收益率，其外溢效益十分明显；同时，运输技术成果应用的收益率高而社会边际成本却接近于零，加上运输技术开发存在技术与商业双重风险，以及运输技术开发的难度增加、投资规模日趋扩大等因素，都不可避免地造成私人投资的不足，所以，国家必须制定和推行专利保护政策、风险投资促进政策，政府对研究开发投资实行信贷担保和贴息政策等。第二，现代运输产业进步越来越依赖于连续、高效、大规模和有组织的技术创新，虽然运输市场竞争中的价格机制能够在一定程度上促进技术进步，但并不能自动实现技术开发领域中的资源最优配置，在缺乏政策介入的情况下，单靠市场机制将会导致交通运输技术开发投资不足或重复投资问题；为了实现交通技术资源的有效开发和最优配置，防止运输技术创新的中断，确保交通运输产业技术的持续进步，国家就必须以适当的政策手段对运输技术开发与推广应用进行有效的指导、组织、扶植和协调。实践证明，运输产业技术政策是有组织地推进技术创新的得力手段，凡是能够成功地实现交通运输产业结构高度化的国家，都较好地运用过运输产业技术政策。

（二）交通运输产业技术政策的基本内容

1. 交通运输产业技术开发政策

众所周知，交通运输产业技术的发展主要是由技术开发来推动的，这也是各国政府制定与实施交通运输产业技术开发政策的缘由，一方面，各国从本国经济和运输发展战略出发，提出扶持技术研究与开发的重点运输技术领域；另一方面，对于确定的关键运输技术，从经济上予以资助，在组织上进行必要的协调。具体而言，扶持交通运输产业技术研究和开发的政策措施，主要有经济资助政策、组织协调政策、直接奖励政策和教育培训政策四方面内容。

2. 交通运输产业技术转移政策

交通运输产业技术转移包括产业技术引进和产业技术扩散。交通运输产业技术引进是指为了本国运输和经济发展需要，从另一国进口相对先进的运输技术或本国空白的运输技术的过程；交通运输产业技术扩散是指新的运输技术在交通运输产业或相关产业之间通过一定的渠道向潜在应用者转移的过程，技术扩散是技术运输进步最后和最有影响的阶段。

第三节　交通运输产业可持续发展政策

一、运输业与资源环境的适宜性分析

（一）外部性

1. 外部性的类型

根据性质或研究目的不同，可以将外部性区分为以下五种类型：

（1）公共外部性与私人外部性

公共外部性是指具有公用物品属性的外部性，这种外部性具有不可耗竭性，即不会因受影响的主体或客体的增加而有所改变。例如，公园中的景观对游览者和城市中受污染的空气对居民的影响等都属于这种类型，这里的后一种外部性是一种负效应，也称为公共坏物品或公共劣品。

私人外部性是指具有私人物品性质的外部性，这种外部性具有可耗竭性，即与受影响的主体或客体的数量有关。例如，列车运行时掉下一些煤，对于众多捡煤人来说，这些煤就属于这种外部性。

（2）技术外部性与现金外部性

技术外部性是指往往不通过市场交易，而是通过非可控的形式影响第三者的外部性，这也是真正意义上的外部性，包括生产的外部经济、生产的外部不经济、消费的外部经济、消费的外部不经济。当这些外部性存在时，完全竞争的市场环境不能促进资源的最优配置。

现金外部性又称为金钱外部性或货币外部性，是一种假外部性，这种外部性是指某个体的活动影响到其他个体的财务状况，在完全竞争的市场条件下并不能造成资源的低效配置，这种外部性产生于经济活动中某些投入品或产出品价格的变化，马歇尔的外部性概念就属于这种类型。

（3）相关外部性与不相关外部性

相关外部性又称为帕累托相关外部性，是指活动的程度可以加以调整，其结果是使受影响的一方可以变得更好，同时并没有使影响的另一方变得更坏的一种外部性。换言之，只要外部性成本（以必受影响一方愿意支付的数额表示）超过有利一方的内部收益，则只有借助政府干预、有关方面的联合行动才能够增进公共福利。

与相关外部性相反，不相关外部性是指不利一方愿意支付的外部成本低于受利一方的内部收益时的外部性。

（4）预期外部性与不可预期外部性

预期外部性是指某些情况中的受影响一方比较熟悉相互作用，从而能够根据外部性来调整其计划，不可预期外部性则是指有关方面对活动与其结果的复杂关系一无所知或缺乏了解，因而不能对外部性做出比较准确的判断。

（5）单向外部性与双向外部性

如果一个主体甲的活动影响另一个主体乙，而乙的活动并不影响甲，这是一种单向的外部性。如果两者相互影响，就是双向外部性。

2. 外部性的基本特点

上述对外部性的定义尽管各有侧重，但都从不同的角度揭示了外部性的某些特征大体上，外部性具有以下四个特点：一是外部性是不同经济个体之间的一种非市场联系（或影响），这种联系往往并非各方自愿协商或一致同意的结果；二是既有有益（或正）的外部性，也有有害（或负）的外部性；三是外部性往往是由经济个体的经济行为产生的一种伴生产物；四是外部性在经济上体现着经济个体社会收益与私人收益（或社会成本与私人成本）的差异。

（二）运输业的外部性

运输具有外部性运输的外部性问题与运输业的发展紧密相连，17 世纪以来荷兰砍伐大片森林造船，直接影响到地区生态环境；为了修建人工运河，无数湿地被破坏。

运输外部性是指运输活动所产生的外部性，有时也指运输基础建设本身及其建设过程中所产生的外部性，它是指由于运输经济个体的生产和消费活动对其他经济个体产生的一种伴生影响，根据外部性的不同性质，外部性可分为正的（有益的）外部性和负的（有害的）外部性，但其收入或成本没有在价格上（或者说通过市场交易）反映出来。

具体来讲，从经济学的角度看，运输外部性就是社会成本与私人成本、社会收益与私人收益之间存在差异，在社会收益大于私人收益的情况下，我们常把这项活动称为具有正的外部性，如港门码头建设引起的周边地价上涨；在社会成本大于私人成本的情况下，我们就把这项活动称为具有负的外部性，如飞机的噪声污染等。

运输外部性的基本类别：基于不同研究目的，可以将运输外部性加以分类。根据外部的不同性质，可以分为运输外部经济和运输外部不经济；根据不同的运输方式，可以分为铁路运输外部性、道路运输外部性、航空运输外部性等；根据具体的内容，可以分为环境污染（如大气污染、水污染、噪声污染等）、交通拥挤、交通事故等；根据运输外部性产生原因不同，可以分为运输活动产生的外部性、运输基础设施的存在而产生的外部性等。

（三）运输业与资源和环境的适宜性分析

1. 运输业与环境

（1）环境概述

环境是指影响人类生产和生活的各种自然力量或作用的总和，它不仅包括自然要素及其组合，还包括人类与自然要素之间长期共处形成的各种生态关系及其组合。构成环境的基本要素为光、热、土、气、动植物以及这些自然要素与人类长期共处所形成的各种依存关系。

环境与人类密切相关，其具有提供人类活动不可缺少的各种自然资源，对人类经济活动产生的废物和废能量进行消纳和同化、自净化以及提供舒适性环境的精神享受三项功能。良好的生态环境是人类发展最主要的前提，同时也是人类赖以生存的基本条件，同时，环境容量又是有限的，自然资源的补给和再生也需要时间，一旦超过了极限，要想恢复将十分困难，甚至不可逆转，从而导致全球环境发生显著的恶化。

（2）运输对环境的影响

①运输与交通公害

交通运输对环境的有害影响称为交通公害，主要包括汽车、火车、飞机、轮船等运输工具的排气造成大气污染；运输工具的运行产生噪声和振动；船舶的排水和管道事故造成水域污染；运输线路和运输设施对周围环境的噪声；等等。

②交通公害的表现形式

第一，交通运输大气污染。所谓交通运输大气污染是指交通工具排出的污染物扩散到室外空气中，对人体、动植物和器物产生不利的大气状况，而混入大气的各种有害成分统称为大气污染物。在运输工具的排气中，除了排出的水蒸气和二氧化碳外，还有一氧化碳（CO）、未完全燃烧的碳氢化合物、氮氧化物（NO_X）、铅化合物、硫化物和浮游性尘埃等许多有害成分。另外，交通工具上的空调设备还向大气层排放大量氯氟化合物，使大气层中的臭氧层遭到破坏。

第二，交通噪声。汽车噪声由多个声源产生，包括发动机、进气管和排气管、风扇、喇叭、轮胎等各种机械噪声；轮船和火车的发动机及汽笛会产生噪声，火车行驶时与铁轨的摩擦也产生噪声，飞机的噪声在起降时最为明显。

第三，交通水体污染，交通水体污染主要是船舶的排污、漏油和事故，港区排到水域内的工业废水和生活污水。另外，疏通河道、修建码头也会对水生物造成影响。一旦水体遭受污染，污染物就会随着水流动和水生生物的迁移而不断扩散，并通过水生食物链、饮水等危害人类的健康，其影响速度极快、影响面极大，治理非常困难，近年来频频发生的海上漏油事件即为此证。

第四，交通振动。交通振动包括路面运输工具运行引起的地面振动和空中运输工具飞行引起的空气振动，地面交通振动主要由地面不平、轨道接缝、运输工具冲击地面或轨道而引发，空中交通振动主要发生在飞机的起飞和降落时。

2. 运输业与能源消耗

各种运输工具都需要消耗能源，交通运输历来是能源消耗的主要部门。运输耗能包括建造（制造）耗能、营运耗能和维护耗能。建造（制造）耗能主要由三部分组成：一是场站建设耗能，二是线路建设耗能，三是运输工具制造耗能；营运耗能包括两部分：一是场站营运耗能，二是运输工具营运耗能；维护耗能包括三部分：一是场站维护耗能，二是线路维护耗能，三是运输工具维护耗能。

3. 运输业的负外部性

当运输活动的社会成本大于私人成本时，我们就把这项活动称为具有负的外部性，又称运输业的负外部性或外部不经济性。

（1）运输业负外部性的分类

根据运输系统作用的对象，运输业的外部性可以分为三个不同的层次：第一层次是运输系统与资源、环境系统的作用而产生的外部性；第二层次是运输系统内各部分或各种运输方式之间相互作用而产生的外部性；第三层次是运输部门与政府以及私人消费与运输提供者间相互作用而产生的外部性。从运输与可持续发展关系的角度，运输外部性的考虑重点一般放在第一层次和第三层次上，即找出运输对资源、环境、社会、经济的外部性作用及其形成的主要原因。由于在第一、三层次的外部性更多地表现为负外部性，所以可以用运输外部成本来反映与度量，即运输外部成本就是运输经济活动中所产生的环境污染、交通事故、拥挤等对社会财富的扣除。

（2）运输负外部性的表现形式

交通运输发展带来的负外部效应主要表现在以下五个方面：

①环境污染交通运输是造成环境污染的重要影响因素之一，包括空气污染，基础设施建设对生态环境的影响，运输过程废弃物排放、堆场扬尘以及因运输事故导致的货物泄漏等。运输是空气污染物的主要制造者之一，废弃公路、铁路和海运基础设施等也对环境造成了极大的影响。

②交通事故不仅涉及运输的参与者本身，还会涉及第三方。

③交通拥挤，交通拥挤不仅给公路使用者造成时间价值浪费和过多的燃料消耗，还恶化了空气质量，产生了其他形式的污染。

④运输噪声污染现代交通运输工具特别是汽车数量迅速增加，在人们办公居住的地区形成了极强的噪声污染。公路和航空的噪声危害最为严重，汽车行驶产生的噪声已经成为城市的主要噪声污染源，航空运输的噪声污染主要集中在机场附近地区。

⑤生态环境破坏，生态破坏是运输基础设施建设和运输环境污染的直接后果，如破坏自然环境、影响景观，因环境污染造成的生物数量的减少及对生物多样性的影响等。

二、运输外部性的治理政策

（一）运输外部性的内部化政策方法

1. 运输外部性的内部化

一般认为，运输外部性的内部化是指将运输的外部影响纳入市场过程，其目的是使资源能够得到更有效的利用，并减少市场失灵通过外部性的内部化，人们就会从价格上获得更多有关成本和效益的正确信息，便于在各种替代方案中做出正确的判断内部化并不意味着由运输而引起的负外部性会完全消除，它只不过是有利于降低外部成本，内部化导致的正确价格可以提供一种导向，促进外部成本最小化。

一般而言，交通运输的正外部性从长远来看十分有限，由于人类具有一种趋利的主动性和积极性，通常会主动地将原来存在的外部效益逐步自发地实现内部化。相反地，鉴于交通工具的使用者并没有承担那些非市场成本的义务，因此交通运输的负外部性很难发生这种自动的内部化过程。

2. 运输外部性的内部化政策实践

首先，完全或纯粹的内部化只有在有关资源和环境的产权得到完全明确的情况下才会出现，例如在空气污染问题上对大气确定产权、在拥挤问题上对道路空间确定产权等；其次，产权确定之后，各影响集团之间才可能或者通过产权交易使资源达到最优利用，或者减少或合并其经济活动，以迫使它们为了共同的利益而调整自己的行为。

在纯粹内部化过程中，对环境资源的产权界定和使用监测存在着巨大困难，这样就会在有关的管理上形成大量交易成本。例如，运输设施在空间分布上的广阔和载运工具的移动性质，导致不可能完全准确地追踪并测量每一部机动车船在每一时刻的污染排放量或产生的噪声，也不可能完全准确地测量这些污染或噪声对每一个被影响对象的实际损害程度，因此，运输外部性问题的解决在实际上很少采用纯粹内部化的方法。

（二）运输外部成本的计算

1. 运输外部成本的估算

对运输外部成本的估算，就是将运输的外部成本进行货币化，或者估算在国民经济中所占的比重。运输外部成本的内部化可以为运输部门有效配置资源提供依据。

运输外部成本的估算主要集中在噪声成本、空气污染成本和交通事故成本等方面，由于估算要考虑环境、人类生命价值等难以采用市场价格计算的成本，所以很难进行精确的计算。尽管如此，有关专家仍然进行了一定的研究，给出了定量的分析结果。

2. 外部成本内部化的方法

实行外部成本的内部化，以使运输设施的使用者承担自己的全部社会成本，提高资源的配置效率。实行外部成本内部化的方法有市场和政府干预两种。前者能够有利于引导用户的选择行为，减少不必要的运输和不必要的出行，有利于各种不同运输方式之间的公平竞争，促使用户使用对环境更有利的运输方式；后者在市场交易没有效率的时候，则采用管制或其他行政命令来控制环境损害。

3. 外部性的币值估计

运输外部效益的计算或币值估计的主要应用领域是运输项目评估。目前，大体有如下六种方法：一是实际发生法，即把实际发生的严重交通污染如车船泄漏，或交通事故所造成的直接和间接成本进行加总计算，一般只适用于较严重的交通事故；二是物理（或生化）转换法，即首先通过技术手段测定有关交通污染造成的物理或生化后果，然后通过对这些物理或生化损害进行价值评估，从而计算出交通污染造成的成本；三是防护行为法，即通过对一定数量的人们为保护其自身不受某种交通污染影响所花费的成本（例如为减少噪声而加装的防护设施费用）的计算，利用统计分析推算出该种交通污染对该地区造成的环境损害；四是价值影响法，交通、振动、噪声和其他污染超过一定水平，就会使暴露在其影响下的住宅等不动产价值遭受贬损，进而根据住房等市场价格与环境质量方面的联系，推断交通污染所引起的环境成本；五是旅行成本法，依据不同的出行时间价值和交通拥挤给人们造成的时间损失，相对性地推算交通拥挤对社会造成的额外成本，货物运输在交通拥挤中的损失则可以通过有关货物占用资金的时间价值类似地进行计算；六是表述性偏好法，即通过问卷调查方式，向一定数量的人群询问为消除某种交通污染（例如噪声、空气污浊）或交通拥挤影响所愿意花费的成本，再利用统计分析推算出该地区该种交通外部性的成本。

上述评估方法各有自己的长处，也都存在着局限性，很难对所有不同的外部性影响都只使用同一种价值评估手段，因此可能会对不同的外部成本利用不同的定量计算方法，或者可能需要利用一种以上的评估方法。

（三）治理运输外部性的政策

运输业是外部性显著的部门，政府制定和推行运输政策的主要任务之一，就是要通过各种必要的政策手段，纠正由于运输业外部性所引起的市场失灵。

1. 治理运输外部性政策选择的类型

从理论和实践上看，治理运输外部性的政策选择有以下四种类型：

①需求政策。这种政策主要是通过征税或收费等手段，调节消费者的运输需求量及对运输方式的选择，主要措施包括对拥有小汽车征收各种税费，对机动车燃料征税、道路使用定价、交通拥挤定价等通过需求政策，既可以使运输消费者支付真实成本，因而从总体上提高运输产品的成本或价格，以达到降低运输需求的目的；又可以鼓励一部分消费者从小汽车转向公共汽车、地铁等运输方式，限制和控制汽车行驶的数量。

②供给政策。这种政策主要是通过基础设施建设、改善运输系统的质量等方式来扩大运输能力，主要包括增强基础设施建设，提高运输能力；改善公共汽车运输；发展轻轨、地铁等公共运输；改善运输管理，充分利用现有的运输能力。

③技术政策。这种政策主要是把先进技术用于车辆制造、运输组织和基础设施设计与建设等方面，以达到减少运输外部不经济的目的。

④管制政策。这种政策涉及上述三方面的政策，并具有一定的强制性。例如，城市可以通过控制每年新增车辆的数量，禁止使用技术落后或排污不达标的车辆，以减轻交通拥挤和环境污染。

上述几种政策各有特点，应根据各自的情况选择不同的政策组合。

2. 治理运输外部性的若干政策措施

①在交通规划中，首先，必须处理好交通基础设施及交通线路的建设与自然环境间的相互协调关系，尽量避免对自然生态系统的破坏；其次，应通过各种有效措施来控制和减少公害，如在城市交通规划中通过优先发展公共交通（如公共汽车、轨道运输）和优化公交线路来减少大气污染；最后，交通运输规划的项目评估中，必须将环境污染和生态破坏造成的损失作为社会效益的一项指标，包含在评估工作中。

②在交通运输技术推广中，发展轻污染技术和污染预防及应急技术在轻污染技术方面，如在铁路运输中通过发展电气化运输、研制电动汽车和太阳能汽车来减少对大气的污染；在污染预防技术方面，如在铁路和船舶运输中要开发生活垃圾及污水的处理装置；在污染应急技术方面，如在船舶运输中发生溢油时施放围油栏、使用水面浮油回收船和各种溢油回收装置等技术。

③在交通运输管理上，如使用无铅汽油、划定禁止鸣笛区、对污染严重超标及超过使用年限的车辆强制报废，以上可依照相应法律和行政手段强制实行。

④运输工具使用高新节能技术，首先，要发展节能型运输工具，如通过使用强度高、重量轻的合金材料来减轻运输工具自重，改进发动机的热效率，改进传动系统的机械效率，发展节能汽车；其次，要发展替代能源，如煤油混合料和煤油水混合料、太阳能和风能等。

⑤运输工具的合理使用。首先，运输工具在设计时应有标准的经济速度，当运行速度超过经济速度时效率会迅速降低，使油耗增加；其次，运输工具要在一定的运输线路上保证负荷率，以实现最经济的周转量；最后，要实现运输工具规模化，以达到节约能源的目的。

⑥改进线路的质量与规划。首先，改进线路的质量，以减少运输工具行驶时产生的额外能源消耗；其次，可以通过研究物流来改善运输组织，消除重复运输、迂回运输、绕远运输等不合理运输，提高运输效率，节省能源。

三、可持续运输

（一）可持续运输

1. 可持续运输概念

对于人类社会经济系统来说，存在着一个总的资源与环境容量的制约，运输子系统同样也受到这种制约，这就意味着运输必须在资源与环境容量的制约下协调发展。

可持续运输概念包括三个方面的内容：一是经济与财务的可持续性，即运输必须保证能够支撑不断改善的物质生活水平；二是环境与生态的可持续性，即运输不仅要满足物品流动性的需要，而且要最大限度地改善整个生活质量；三是社会可持续性，即运输产生的利益应该在全社会的所有成员之间公平分配。

随着运输化过程的开始，人类的运输活动将不断接近甚至部分超过地球环境容量的临界值，交通运输的发展目前正面临一个两难的境地，必须重新确定方向。超过极限的活动是危险的，超过环境容量临界值的运输活动也必将引起环境的惩罚和报复，现在应认识到这一点并及时采取措施，否则人类将会为此付出沉重的代价。

2. 可持续运输的实质

可持续运输的实质是使运输进步符合可持续发展的要求。鉴于运输活动有一个临界值、该临界值从环境方面决定了人类自身利益的长期和持续发展不被破坏。从静态的角度看，区域的环境容量就是污染区附近范围内环境所允许的污染物浓度标准；从动态的角度看，既要考虑污染物在环境中的扩散速度，又要考虑自然界的自净能力。另外，运输本身还要受到地球上资源总量的限制。

为实现交通运输的可持续发展，需要对目前的运输政策做出重大调整，并进行相关的制度创新。在运输项目的规划和评估中，既要充分考虑各种收益，同时又要充分考虑各种成本（诸如环境成本、交通拥挤成本等）；发展可持续运输，需要加强和改善政府的作用以及充分发挥市场机制的作用。

3. 可持续运输的目标

可持续运输要达到的目标是：保证最佳的运输活动水平和能源节约型、环境友好型的交通运输方式，使其既能满足社会经济发展的需要，又不严重危害生态环境；既能满足当代社会经济福利的最大化，又不至于降低子孙后代的生活质量。具体而言，一是要提高运输系统的效率，降低运输成本；二是应保证合适的运输服务满足社会需求；三是应推动区域平衡和经贸发展；四是要减少环境污染；五是要保护各种动植物的生存环境；六是应保证环境友好型运输方式的优先发展，鼓励利用公共交通和环境损害弱的运输方式；七是要提高运输安全性，促进社会福利。

（二）可持续运输政策

1. 从可持续发展角度研究运输政策

实施可持续发展战略，直接涉及运输政策的调整。《保护地球：可持续生存战略》在论及能源政策时，提出各国应制定与公布运输的能源效率标准，确保各种运输方式按照其全部社会代价付费，《中国21世纪议程》结合我国的实际情况，提出了一系列交通运输领域的重要政策，包括研制和开发耗能少、使用清洁能源的交通运输工具；突出铁路建设，加快公路、水运和民航建设，拓宽管道运输渠道，优化运输结构；引进国外先进运输设备和管理技术，提高综合运输能力；交通用地实行低价征用办法；等等。

2. 可持续运输政策内容

世界银行出版的《可持续运输：政策变革的关键》中，提出了可持续运输政策具体建议大体上，主要包括以下四个方面：

第一，应以可持续性或可持续发展为基础调整运输政策。

第二，应有效地利用资源并保持运输基础设施的完好，提供较经济的运输并能够满足不断变化的需求，以实现运输的经济与财务可持续性。为此，需要通过放松管制促成商业性运输市场的形成，鼓励平等竞争，允许私营企业的自由进入与退出，运输基础设施则实行特许经营，同时运输基础设施用户应负担全部使用成本。

第三，减少生命和健康损失是保持环境可持续性的最重要内容，推行运输节约技术、搞好交通运输的土地利用规划、针对交通运输拥挤和污染进行有效的定价，都是十分重要的政策选择。

第四，应在运输政策中强调市场机制的作用。政府作为运输能力的供给者和管制者的作用将日趋减弱，而作为运输市场竞争的促进者和环境与社会效益代表者的作用将日趋增加，其具体表现为：政府配置公共资源时要事先进行成本收益分析；为公众提供的交通基础设施，须制定有效的收费标准；要为社区和用户参与交通运输决策提供更多的机会；等等。

四、我国交通运输产业可持续发展政策

（一）我国交通可持续发展目标

根据交通可持续发展的内涵，结合中国的发展中国家实际，我国交通可持续发展政策总体目标应为建立起符合经济社会可持续发展总体要求的安全、高效、经济、协调、绿色的交通运输体系。首先，交通运输要满足国民经济和社会发展总体需要，特别是满足经济社会向循环经济、绿色经济、生态经济、知识经济发展的基本需要；其次，交通运输的发展要符合经济社会可持续发展对交通运输的总体要求，建立起安全、高效、经济、协调、绿色的交通运输体系；最后，应实现资源、环境、交通的和谐统一，交通对资源的占用、对环境的破坏及交通伤亡等要控制在国家允许范围内，对外部的负面影响应实现低速增长，符合国际组织的标准和要求，减轻对社会的损害。

（二）我国交通运输可持续发展模式

1. 我国交通发展模式

交通发展模式对我国交通可持续发展有着重要影响，未来我国将有不同的交通运输发展模式：一是公路主导型发展模式（A 模式）。这与当前我国交通发展模式基本相同。主要特点是公路投资继续加大、市场份额不断提高，民航快速发展，铁路、水运稳步发展，铁路份额持续下降。二是公路、铁路协调发展模式（B 模式）。针对铁路运输现状及铁路在可持续发展中的作用，增加铁路投资，加快铁路发展，提高铁路份额，使铁路在运输市场中的份额保持稳定并有所提高，促使铁路、公路协调发展。三是铁路强化型发展模式（C 模式）。铁路跨越式高速发展，公路稳步发展，航空快速发展通过大力增加铁路投资，强化铁路发展，并减少公路投资，放慢公路发展，使铁路市场份额大幅提高，改变目前铁路市场份额持续下滑的局面。

2. 三种模式比较分析

从交通运输可持续发展角度，针对三种模式进行综合分析比较。一是土地占用方面；二是能源消耗方面，三种模式能耗；三是运输费用方面；四是环境影响方面；五是运输安全方面，交通运输死亡人数，每亿吨换算吨公里死亡人数按略低于目前水平计算。

（三）我国交通运输可持续发展的政策措施

交通运输可持续发展是一项涉及多方面的系统工程，体现为国民经济效益和社会效益，因此需要政府有关部门制定相关的政策措施加以推进和实现。

第一，树立科学的交通发展观，转变交通增长方式。我国交通运输必须转变传统的发展方式，从单一的数量、规模、速度型变为速度、规模、效益相统一；从单纯重视交通经济效益转向经济社会效益和环境效益相统一；从粗放资源消耗型变为集约资源节约型；由各方式各自发展向协调发展转变。

第二，加强规划，协调发展。一方面，交通运输发展要与经济社会发展相协调，国家在生产力布局规划时要充分考虑运输的布局规划，运输的布局规划也应同生产力布局规划相协调，尽可能减少重复、迂回等运输，降低运输强度，减少运输资源的过分占用，从而减少交通运输对社会外部环境等的损害；另一方面，要加强交通运输各方式间的统一规划，把可持续发展理念贯穿于交通发展规划中，按照各种运输方式的特点，扬长避短，形成有机合理的综合运输体系，把交通运输对外部环境的影响减少到最低限度，实现交通可持续发展。

第三，建立交通运输可持续发展的评价指标体系，使之成为国家对交通行业可持续发展的具体要求，主要指标包括：一是运输强度指标，即单位国内生产总值的运输量；二是运输消耗系数，即单位运输量所占用的土地、能源、投资等资源；三是环境、卫生、生态损害（破坏）指标，即单位运输量的排放量等；四是运输安全损失指标，即单位运输量的伤亡人数、经济损失等；五是运输效率指标，即全员劳动生产率、投入产出指标数等。

第四，加快科技进步，提高运输服务效率和管理水平。一方面要积极采用先进现代信息和通信技术，加快交通智能系统的开发和研究，提高运输效率和水平；另一方面要提高交通的科技含量，大力发展高速、重载技术，集装箱多式联运技术和现代物流技术等现代交通体系，提高运输效率并降低资源损耗。

第五，提高资源占用费用，把交通运输外部成本内部化。我国在交通运输的土地利用方面给予价格优惠政策，在一定程度上助长了多占土地的倾向；运输企业事故损失的补偿成本较低，交通运输对生态环境等破坏没有承担足够的责任等，客观上造成了交通运输部门对土地等资源的浪费，不利于交通运输的可持续发展。因此，一方面应根据市场规律，提高资源额外占用的费用，以减少资源浪费；另一方面，把交通运输的外部成本内部化，如对交通安全的损失费应按受损害方不同年龄、职业、收入水平以及其他相关因素进行综合补偿；形成对环境污染的补偿机制，实行谁污染（排放）、谁治理、谁补偿的机制；机动车排污费可通过燃油税附加的方式征收。

第六，采取扶持政策，鼓励交通运输可持续发展。政府应采取积极有效措施，制定各种交通可持续发展政策。一是加强立法，尽快制定与交通可持续发展有关的法律法规，以更好地推进交通可持续发展战略的实施；二是加大对轨道交通和水运等交通设施的投入力度；三是加快交通管理体制改革，解决各种运输方式分散管理的不利体制，建立符合交通可持续发展的管理体制；四是制定交通产业技术政策，投资政策、土地资源利用政策等产业政策，通过政策引导推进交通可持续发展；五是尽快开征燃油税，其中不仅包括道路使用费，而且应包括对环境、生态、卫生造成影响的补偿费用，合理引导汽车运输的发展。

从长远来看，我国交通可持续发展政策，第一阶段应以加快交通运输发展，满足经济社会发展和可持续发展的需要为主；第二阶段应以实现运输质量和水平的极大提高为主；第三阶段应以交通运输实现运输规模“零增长”，土地等资源和能量消耗速率“零增长”，生态和环境恶化速率“零增长”，同时实现生态质量和生态安全的极大提高为主。

五、交通运输经济发展创新

（一）交通运输经济现状与发展方向

1. 交通运输经济发展状况

当前，我国交通运输行业不断发展，其中公路和铁路以及高速公路的通航里程在不断增加，同时，水运航路上的通航能力也已经居世界前列。民航、航空方面，发展幅度大幅增加，当前随着我国国家政策的不断深入和优化落实，对于农村地区的支持力度也在不断增加，农村地区的公路通航里程已经实现了全面的增长，不同地区的交通运输行业也在不断发展，越来越多的地区交通运输经济的发展能够有效地带动区域性整体经济的进步和提升。在针对城市的发展过程中，应当要明确加强铁路、公路、航空以及内河航运的发展，这些也能够有效地带动不同地区之间的经济的紧密性联系，也能够帮助实现货运和客运往来的进步和提升。我国针对不同的道路工程和交通运输方式的施工建设的投入和资金政策的投入也在不断增加，越来越多的出行方式更加便捷，同时社会经济总量的提升得到了有效的进步。在交通运输过程中，车辆的数量不断增加，且车辆的获取和投入成本较低，交通运输的过程和设计的所需较少，所以在针对交通运输过程中，越来越多的人选择车辆进行出行，在不同的交通运输经济的趋势过程中，应当要明确认识到适应性以及灵活性的重要性作用，由于在山区乡镇以及农村地区，人们借助车辆来展开货运和客运较为灵活，所以能够有效地帮助更多的人结合具体的情况来展开有效的协调，便于人们出行以及货运的流转效益的提升。车辆的运输能够准确地增强交通运输的适应性，也能够帮助带动交通运输成本和经济效益的有效进步，也能够帮助获得更多的经济效益。

2. 交通运输经济发展中的问题分析

一是区域发展面临挑战且资金不足。尽管交通运输设施在不断完善，近几年也得到快速的发展，同时也获得更好的优秀成果，但是由于发展的资金和后续跟不上发展需要，尤其是一些偏远地区和一些山区的交通运输较为落后，同时国家政策以及银行信贷政策的变化，也会造成在公路建设的投资渠道和投资资金不断减少，而且一些偏远地区和山区的交通运输成本一直很高，对于公路的建设，运行和保养的费用也很高，造成了山区地区的交通运输资金保障产生了很大的困难。二是建设及运行服务难以满足社会需求。一方面，在一些大型城市，现有的交通运输网络，并不能够满足人们的出行需求以及货物的运输需求，往往会导致道路的拥堵和以及货物的运输和流通速度的降低，导致人们的生产生活以及企业的经济运行产生了不良的影响；另一方面，现在的社会发展和经济水平不断地增加，越来越多的人追求更高品质的生活，同时对于交通运输的需求也更加多样化，而现阶段所具有的交通运输基础设施以及所拥有的交通运输服务难以满足越来越多人的高品质的需求，交通运输管理部门也应当根据人们的不断变化的需要来有效地推动良好的设施，满足人们的需要，由于受到成本管控以及资金的影响，交通运输设施并不能够快速地进行更新换代。三是管理手段滞后，安全风险较大。当前时期，部分地区针对交通运输的管理制度尚未完善，且部分地区的交通运输管理制度难以有效地推动或执行，造成交通运输管理的水平和质量较低，也会导致交通运输管理的漏洞不断增加，最终会影响到交通运输管理的安全性，很容易导致越来越多的交通运输事故不断增加，影响了交通运输经济的良好发展。

3. 交通运输经济的未来发展

（1）加大资金投入，科学制定发展目标

针对交通运输行业的管理过程中，必须明确认识到交通运输经济发展与资金的紧密性联系。现阶段，交通运输经济发展很容易受到资金短缺的影响，针对这种情况，交通运输管理部门和地方财政应当要积极地加强对交通运输行业的资金投入，尤其要针对性地制定出更加完善的福利政策以及优惠方案，同时还应当要积极拓展融资渠道，可以借助政府、社会以及个人等融资的方式，来为交通运输行业经济的发展提供更加完善的资金保障；同时，还应当要借助基金、股份等不断变化的融资方式，来不断地拓展交通运输行业资金的来源，同时在针对交通运输货运设备的运行和维护方面，尤其要加大资金投入，搭建起更加综合、全面的交通运输高速网，确保交通运输的发展与地区性的经济发展相互作用，相互前进。针对交通运输经济的管理方式，应当用积极、明确、科学的发展目标，尤其要根据发展目标的完善方式以及交通运输行业的发展需求，将来交通运输经济发展过程中，可能存在的问题予以规避，同时还应当要明确认识到交通运输管理系统，涉及的方方面面；在针对交通运输系统的设计过程中，也应当要积极地遵循技术性、科学性以及合理性方面的要求，要根据具体的规划设计，来搭建起更为全面完善的数据信息系统，尤其要虚心听取人民群众的意见和反馈，同时还应当要根据全国性的交通运输经济的实际情况，来借鉴国外的先进案例以优秀的组织管理方法，搭建起更为完善合理的交通运输管理网络，促进交通运输管理经济的发展目标的达成。在科学制定发展目标的过程中，还应当要积极地把握不同地区的交通运输发展可能存在的不平衡性，部分地区的经济发展较为落后，且部分地区的地理环境和地质条件较为复杂，很容易造成交通运输建设成本的增加，影响了交通运输经济的区域性发展，这对于国家政策以及资金投入提出了更高的要求，所以国家交通部门和相关机构应当制定更为完善合理的政策，投入更多的资金来改善交通运输环境，不断减缓地区性的资金发展压力，帮助促进全国和地区的交通运输行业的良好发展。

（2）转变观念，强化风险管理工作

实际上，交通运输管理过程中，还应当要明确认识到管理理念以及管理方式与交通运输经济发展的紧密性联系。针对这种情况，一方面交通运输管理部门应当要转变传统的管理思维，尤其要对于交通运输管理方法进行优化更新，可以组织实行合同运输管理制度，要通过制度来规范和维持交通运输的良好市场秩序，同时也能够对货物及客运的运输有效提供安全保障；另一方面，还应当要强化对于交通运输的内部管理，对于驾驶员以及交通管理人员，要强化知识宣传和专业性技能培养，不断增强交通运输企业以及运输人员的安全意识和综合性管理技能。当然，还应当将现代化的管理技术以及智能化的技术落实到交通运输的管理过程中，帮助交通运输行业的管理人员及相关人员能够更加及时、全面地掌握交通运输的动态，同时可有效提高交通运输管理的效率和质量，也能够将交通运输管理过程中所存在的安全风险有效规避，提高交通运输行业的经济发展效益。

（3）强化交通运输服务意识

在针对交通运输行业的管理过程中，应当要不断地强化服务管理意识，只有通过更为完善、全面、合理的服务，才能够有效带动交通运输经济行业的发展，也能够为交通运输经济的发展提供完善、坚实的重要保障。所以交通运输行业也应当要向消费者，提供更加优质丰富的交通运输服务。交通运输经济发展过程中，还应当要明确把握交通运输消费者的整体需求，通过完善的管理方式，满足消费者的需求，同时交通运输经济发展过程中，也应当要明确将更高水平、更高质量的服务，提供到消费者手上，为其提供更为个性化、人性化的服务。另外，可以借助大数据以及云计算等方式来获取到消费者的消费信息、消费理念以及以往的消费需求，能够向更多的消费者提供更为全面、针对性的服务，以此来满足交通运输的行业发展。

（4）加强区域间及交通运输方式间的交通衔接

随着不断变化的社会发展环境，交通运输业的发展从单一的发展模式向更加多元化、全面化的方式转变，同时随着不断变化的交通运输方式，也能够为人民群众的生活提供更多的便捷服务。我国针对不同地区的交通运输管理建设以及投入管理上存在着很大的不同，但同时不同地区在交通运输的沟通和衔接上，往往有所限制。现阶段，社会生活的出行方式越来越多样化，海陆空的方式不断发展，但是由于相匹配的交通运行方式难以得到保障，很容易造成交通运输之间的衔接受到障碍。为了有效地减少交通的障碍，政府和相关的管理部门应当要做好对各方面资源的优化合理配置，尤其要针对一些山区或偏远地区的资金的压力予以缓解，同时还应当要强化区域之间的交通建设联系，推动区域的区域交通发展，有效带动各个区域之间的经济良好进步和提升。

总体来说，面对不断变化的社会经济发展形势，必须要紧紧地结合社会的交通运输管理方式和不断变化的交通运输管理需要，以及人民群众对于交通运输所提出的多样化需求来进行优化和创新，并以此来满足更多的人民的出行需求和货运需求。在区域的交通经济行业发展过程中，往往存在着多样化的问题，其中，资金压力以及政策限制和不断变化的地理环境因素影响等方面最终会限制交通运输经济的发展。针对这种情况，必须积极地结合我国交通运输与其经济发展之间的关系，积极地加大资金投入，科学制定发展目标；同时要转变交通运输管理观念，强化风险管理工作，强化交通运输管理服务意识；积极加强区域间及交通运输方式间的交通衔接，从而带动交通运输经济的良好发展。

（二）“互联网+”时代下的交通运输经济

近年来，“互联网+”受到了交通运输业的广泛关注，将互联网技术应用在交通运输业中能够推动智能交通的发展，有利于满足用户的个性化需求，从而为用户提供可靠的消费体验。目前，我国交通运输业的发展现状并不乐观，主要原因是没有制定清晰的发展目标，同时也存在投资压力过大的问题，致使交通运输经济发展受到一定的阻碍。在这种情况下，应该加强对“互联网+”的研究，制定符合当前行业状况的发展策略，并且要制定科学的发展目标，继而推动交通运输经济的健康发展。

1. 交通运输与经济发展的关联

交通运输对经济发展有着重要的影响，其建设项目的好坏关系着经济的增长情况，这两者之间存在着相互制约、相互促进的关系。一方面，经济增长需要充足的资金来做基础，其资金的来源需要依靠国民经济的增长，因此投资量受限于国民经济的增长水平；另一方面，投资增长的前提是经济增长，只有提升经济增长的速度才能决定投资的数量，从而拉动经济增长。

在交通运输业的发展过程中，“互联网+”时代的到来冲击了传统的发展模式，利用互联网思维能够创新传统的交通管理方式，有利于实现交通运输服务流程再造，所以要加强对交通运输经济发展的研究，及时制定科学的发展战略，推动我国交通运输业朝向新的领域发展，以此来获取长远的发展，最终实现我国交通运输经济效益的提高。对于相关工作人员来说，应该认识到交通运输与经济发展之间的关联，认真做好分析工作，同时要明确交通运输经济发展的目标，进而达到推动交通运输经济发展的目的。

2. 目前交通运输经济发展的情况

（1）没有清晰的交通运输经济发展目标

从我国交通运输经济发展的现状来看，很多交通运输部门没有制定清晰的发展目标，致使交通运输经济发展状况不乐观，无法有效推动交通运输的经济发展。尤其是部分老城区、旧城区等地，当地交通部门不够重视对交通运输经济发展目标的制定，并且没有做出明确的引导措施，这就导致交通运输问题经常发生，同时也带来了交通线路上的规划问题，最终影响了城市的正常交通。现阶段，交通运输能力无法跟上经济发展的速度，城市的汽车越来越多，停车位也越来越紧张，不仅阻碍了交通运输业的健康发展，同时还影响了城市经济的发展，从而导致城市交通运输问题日益严重。在这种情况下，如果没有明确的交通运输经济发展目标就会加重城市的交通运输问题，并且容易造成交通运输设施落后，继而给交通运输的良好发展带来不利影响。

（2）交通运输行业存在较大的投资压力

随着社会经济的发展，我国交通运输业正在对交通运输基础设施进行建设，促使交通运输基础设施建设进入了高峰期。但由于交通基础设施的建设力度逐渐加大，相应的资金投入力度不够大，致使资金紧张问题突出，难以为交通运输基础设施建设项目提供充足的资金作支持。造成这一情况的原因有以下两点：一是国际金融危机。目前，我国很多地区受金融危机的影响，在资金支持方面不具备较强的支持能力，再加上融资领域的政策变化，促使交通运输行业无法得到充足的资金作支持。二是山区交通建设任务艰巨。近年来，我国越来越重视对偏远山区的交通建设，对山区交通管理的支出费用越来越高，这就给交通运输经济发展带来巨大的压力，容易产生资金紧张的问题。

（3）交通运输服务质量不高

随着时代的发展，人们的生活水平不断提升，对生活质量的要求也越来越高，促使交通运输服务面临着巨大的压力。在城市交通运输服务的发展过程中，经常会受到资金、成本等方面的约束，很多地区无法及时地对交通基础设施进行维修，致使交通基础设施往往存在老化、故障等情况，严重降低了交通运输的服务质量。另外，我国交通运输业还存在从事人员素质水平不高的问题，在实际工作中难以满足用户的具体需求，如服务单一化、僵硬化等，无法为用户提供特色化、多样化的服务，继而导致交通运输的服务质量不高。由此可见，我国交通运输业受运输服务质量的限制，如果不能为用户提供高质量的运输服务就会降低运输的经济效益，从而对交通运输经济发展造成负面影响。

3. “互联网+”时代下交通运输经济发展的影响

（1）提高物流的配送效率

近年来，互联网技术的发展速度越来越快，将现代信息技术应用到交通运输中能够促进经济发展，有助于提升交通运输的智能化，大大加快了物流配送的速度，这给交通运输业带来了新的发展机遇。例如，杭州快驰 App 就是利用互联网技术来进行运输服务，该平台具有智能运输、运能分享等多种功能，其运输效率和运输质量非常高，极大程度地提升了我国物流行业的经济效益。另外，该系统还具有信息分享、货运交付等功能，不仅操作便捷，同时还节省了物流运输的成本，有助于提高交通运输的经济效益，减少不必要的运输成本支出。除此之外，“互联网+”时代下的交通运输经济发展迅速，在实际应用过程中结合了诸多的资源，不断对支线配送进行有效的完善，从而推动交通运输服务的智慧化操作。

（2）实现出行智能化

在“互联网+”时代下，交通运输改善了原先的管理情况，将现代信息技术应用在交通运输中能够解决目前交通拥堵的问题，方便人们更好地出行，为城市居民提供了交通便利，大大提高了人们的生活质量，同时也推动了我国交通领域的健康发展。例如，交通运输开始推广实时公交，用户可以通过网络来进行实时查询，帮助用户在第一时间得知公交汽车的到站情况，避免用户出现误班、错班等问题，还有滴滴快车也促进了交通运输行业的发展，不仅人们能够便捷地乘车，同时也减少了出租车的空车现象，大大提升了乘车率，充分发挥出了汽车资源的利用优势，真正实现了汽车资源共享。

将互联网技术应用在交通运输中缓解了城市交通运输的压力，极大程度地提升了交通运输的智能化，并且提高了交通运输服务的整体质量，有助于推动我国交通运输经济的发展，促使智能出行得到了进一步的发展。另外，我国一线城市交通堵塞问题严重，

而“互联网+”的出现很好地解决了这一问题，不仅为城市居民提供了出行便利，还促进了我国公共交通领域的发展，所以需要重视“互联网+”时代下的交通运输经济发展。

(3) 促进交通资源合理配置

现阶段，互联网、大数据等信息技术发展迅速，给各行业带来了新的发展机遇。将高新技术手段应用到交通运输中可以有效提升交通资源的利用率，减少交通资源浪费的问题出现，防止产生资源闲置或资源过度利用的情况，极大程度地推动了我国交通运输业的经济发展。例如，定位系统和智能化分析技术具有诸多应用优势，在交通堵塞、道路拥挤的情况下应用可以全面掌握交通信息，方便交通部门更好地判断人口迁徙量，同时也为用户提供准确的出行距离和路线，大大缓解了交通堵塞严重的问题。并且，随着云计算、人工智能等技术的发展，我国交通运输有了新的发展机遇，将其融合到交通运输中能够实现交通资源的合理配置，避免产生不必要的资源浪费，有利于促进我国交通运输新模式的发展，从而推动传统产业的发展和转型。

目前，我国交通运输经济发展受到了“互联网+”的影响，通过对互联网、人工智能等技术的应用提升了交通运输的智能化，为用户提供了出行便捷，促使交通运输行业能够得到更好的发展，同时也满足了当前人们对交通运输的需求。在“互联网+”时代下，传统的交通运输产业逐渐朝着新兴方向发展，大大加快了产业转型的速度，推动我国交通运输服务业的转型升级。

随着互联网技术的发展，传统交通运输业迎来了新的发展机会，大大促进了我国交通运输经济的发展。在“互联网+”时代下，过去的交通管理方式已经不适用于当前的交通运输业，所以要加强对交通运输经济发展的重视，根据当地交通运输的实际情况来制定适合的发展策略，从而改善我国交通运输经济发展的现状。现阶段，交通运输经济发展存在缺乏科学的目标、投资压力大等，严重阻碍了城市交通运输的经济发展，同时也带来了很大的交通运输问题，致使城市交通问题突出。对此，应该将互联网技术应用到交通运输经济管理中，不断提升交通运输的智能化，打破过去传统交通运输管理方式的局限，进而推动我国交通运输经济的健康发展。

(三) 现阶段交通运输经济管理的必要性

1. 交通运输经济管理重要性

(1) 构建交通运输设施网络满足新时代市场发展需求

现阶段市场经济飞速发展，对交通运输基础设施网络的要求越来越高，加强交通运输经济管理可促进交通运输设施的完善及相应网络的构建，为市场经济发展提供更加便捷的条件支持，满足各行各业对物流运输的需求，进而推动国民经济可持续发展，提升国民经济效益。

（2）完善交通运输经济管理制度促进交通行业发展

开展交通运输经济管理有助于不断完善交通运输经济管理制度，并结合实际情况进行针对性的调整与优化，进而保障交通运输行业沿着正确的轨道发展与进步。尤其是随着改革开放与城镇化的推进，工业经济逐步占据着越来越大的比例与地位，信息化给交通运输行业带来了前所未有的机遇与挑战，合理开展交通运输经济管理，将直接影响国家经济运转关键因素，交通运输业的发展，对加速社会资源整合、优化经济产业结构与质量、助推社会经济发展具有重大意义。

（3）推动交通运输企业经济机制转化增强运输企业活力

道路商品双方经济交换关系与交换场所共同构成交通运输经济，而运输企业是交通运输经济的核心构成，需要高度完善的运输经济管理体系来为交通运输企业的良好发展提供支持。通过加强交通运输经济管理，可有效推进经营机制改革，落实通运输企业实际经营权，进而在很大程度上助推交通运输企业转化自身经济发展机制，全面增强企业活力与市场竞争力，实现更大的经济效益。

（4）优化地区产业结构带动地区经济持续发展

交通运输是我国国民经济的重要基础，其行业发展水平直接影响社会整体经济的发展。实践证明，交通运输条件优越的地区，其各类产业发展速度更加迅猛，而产业的发展能有效带动地方就业及相关经济的发展，进而扩大地方经济发展范畴。由此可见，加强交通运输经济管理将为地方经济蓬勃发展创造机遇，促进地区产业结构优化，为地区经济可持续发展提供更加持久的动力，让更多人在交通道路运输发展过程中受益。

2. 交通运输经济管理存在的问题

（1）管理制度不完善，缺乏执行可行性

新时期市场经济飞速发展，社会主义现代化建设与民族复兴正有条不紊地进行着，在此种背景下传统的交通运输经济管理方式呈现出很大的局限性，主要表现为经济管理制度不明晰、资金管理程序与操作不规范等方面。过于笼统的交通运输经济管理制度对经济管理行为缺乏有效约束，导致管理制度可行性不足，严重影响交通运输经济管理制度的执行效果。缺乏规范的交通运输资金管理程序，使得在交通运输经济管理过程中经常出现预算计划不合理、资金调度不合程序等诸多问题，严重制约交通运输经济管理功能的发挥。

(2) 经济管理人员综合素养不足，管理水平有待提升

社会发展日新月异，对交通运输经济管理人员的综合素质与能力要求越来越高，需要其掌握出色的专业能力，拥有强大的交通运输经济管理分析能力，能及时预估与发现交通运输经济管理中可能出现的问题，以增强管理的实效性。然而调查研究表明，我国交通运输经济管理人员的综合能力普遍偏低，现阶段常见的交通运输经济管理问题多与管理人员水平有关联，亟须提升交通运输经济管理人员的综合素养，为交通运输经济管理水平的全面提升提供软性支撑。

3. 提升交通运输经济管理效益的有效路径

(1) 引入市场化机制强化内部管理效率

我国经济社会正处于转型的关键时期，交通运输经济管理应从引进市场化机制入手，从思想上转变通运输企业管理者、各职能部门员工的思想观念，帮助其正确认识市场化机制对企业发展的重大意义。与此同时，加速推进企业内部管理机制的制定与调整，将管理效果与效率纳入企业重要改革范畴，以提升交通运输企业内部管理效率，满足现代市场经济发展需求。首先，企业应细化市场机制，强化职能部门职责划分，将交通运输经济管理的权与责分离，可尝试通过设立交通运输经济决策中心来加强交通运输市场调研及市场规划工作，制定切实可行的交通运输企业发展目标，强化市场预测功能；其次，要不断完善交通运输企业内部管理，严格划分各部门职能界限，明确各部门的工作规范及办事流程，强化部门之间的业务链接，为提高企业内部办事效率提供政策依据；最后，交通运输企业应从市场机制革新视角出发，强化企业员工培训与考核，通过全面提升企业人才职业能力与素质来最大限度发挥人才效应优势，促进交通运输经济管理综合效益的提升。

(2) 推进全面预算管理加强运输经济监督

现金流量、资产负债等是交通运输企业成本收益的具体表现，这也是交通运输企业制定发展战略、实施决策的重要依据，企业应结合实际发展需求与市场反馈信息，制定全面预算管理制度，定期根据现金流量表与资产负债表分析企业经营成本与损益，及时调整资金资源分配计划，优化控制收入者的方向与比重，以避免资金浪费的现象，实现预算导向功能最大限度的发挥及经济效益最大化。此外，交通运输企业应积极创新内部预算机制，从收支视角建立资金管理机制，加强对控制资本流向的核算及资金的有效应用，以提升企业现金管理与快速决策水平。当然，交通运输企业还应加强对交通运输经济的监督力度，严格审核交通运输经济管理过程中的各类票据，确保交通运输的合法性及资金往来有据可查，通过实施监督与管理来最大限度地减少交通运输经济纰漏的出现，一旦发现问题，及时采取相应的补救措施，从而减少不必要的经济损失。

(3) 加强信息化建设，增强市场经济动态掌控力

信息技术的发展为交通运输经济管理创造了有利条件，交通运输企业应加强企业信息化建设，积极引进现代化管理软件，提升交通运输现金流量、资产负债等经济数据的收集、整理与分析效率，增强企业管理层对市场经济动态的掌控能力，以便及时调整企业发展战略与方向，依托现代经济数字化模型来制定交通运输产业发展规划体系，全面增强交通运输经济管理的科学性与实效性。

总而言之，交通运输经济是我国国民经济发展的重要构成，交通运输经济发展对推动各行各业发展、带动地区经济可持续发展具有重要的战略意义。因此，要重视交通运输经济管理工作，可尝试从转变交通运输行业思想观念引入市场化机制入手，全面开展预算管理制度并加强监督管理力度，积极推进企业信息化建设，以提升交通运输经济管理效率，实现革新企业市场竞争力的目的，促进交通运输行业的稳步发展，为社会主义现代化建设奠定坚实的基础。

参考文献

［1］景鹏．交通出行行为分析选择行为建模及应用［M］．北京：机械工业出版社，2022.

［2］李晓村．货物运输组织实验教程［M］．成都：西南交通大学出版社，2022.

［3］张嘉敏，张嘉锐．轨道交通系统仿真理论方法与技术应用［M］．北京交通大学出版社有限责任公司，2022.

［4］邵春福，闫学东．城市交通规划［M］．第 2 版．北京：北京交通大学出版社，2022.

［5］孙晶晶，陈灿．交通运输概论［M］．成都：西南交通大学出版社，2021.

［6］帅斌，王宇．交通运输经济［M］．第 2 版．成都：西南交大出版社，2021.

［7］陈家宏，林毅．交通运输法［M］．第 2 版．成都：西南交通大学出版社，2021.

［8］王顺利，邓灼志．交通运输专业基础实验教程［M］．成都：西南交通大学出版社，2021.

［9］陈皓，王文宪．交通运输系统优化模型与算法设计［M］．北京：机械工业出版社，2021.

［10］王宁，范春．重庆交通运输业与旅游业融合发展研究［M］．重庆：重庆大学出版社，2021.

［11］王煜洲，王永莲．西部地区城乡交通运输统筹发展研究：以四川省为例［M］．成都：西南交通大学出版社，2020.

［12］张海波，赵琦．城市智能交通系统工程设计及案例［M］．北京：机械工业出版社，2020.

［13］孙晓梅．城市轨道交通运营管理［M］．北京：中国建材工业出版社，2020.

［14］王正国．国际交通医学［M］．武汉：湖北科学技术出版社，2020.

［15］周淮．城市公共交通风险防控［M］．上海：同济大学出版社，2020.

［16］周桂良，许琳．交通运输设备［M］．武汉：华中科技大学出版社，2019.

［17］王汝佳，李广军．交通运输工程概论［M］．成都：西南交通大学出版社，2019.

［18］张明龙，张琼妮．国外交通运输领域的创新进展［M］．北京：知识产权出版社，2019.

［19］徐慧智．交通运输软件应用仿真教程［M］．哈尔滨：东北林业大学出版社，2019.
［20］刘婷婷．城市轨道交通安全管理［M］．北京：北京理工大学出版社，2019.
［21］吴吉明．货物运输实务［M］．北京：北京理工大学出版社，2019.
［22］袁占锋．道路运输管理概述［M］．北京：经济日报出版社，2019.
［23］黄少峰．物流运输管理实务［M］．镇江：江苏大学出版社，2019.
［24］彭其渊．交通运输系统工程［M］．成都：西南交通大学出版社，2018.
［25］夏立国．交通运输商务管理［M］．南京：东南大学出版社，2018.
［26］王勇，刘永．运输与物流系统规划［M］．成都：西南交通大学出版社，2018.
［27］赵瑜，刘作义．运输市场营销学［M］．第2版．北京：北京交通大学出版社，2018.
［28］刘志萍．运输港站与枢纽［M］．成都：西南交通大学出版社，2018.
［29］张慧．国际货物运输与保险［M］．合肥：合肥工业大学出版社，2018.
［30］吴金洪．城市轨道交通运营管理［M］．西安：西安交通大学出版社，2018.
［31］杨旭丽，杨燕．城市轨道交通应急处理［M］．上海：上海交通大学出版社，2018.
［32］吴芳．城市轨道交通规划与管理［M］．成都：西南交通大学出版社，2018.
［33］闵德权，胡鸿韬．国际集装箱运输商务管理［M］．北京：首都经济贸易大学出版社，2018.
［34］冉斌．互联网+交通运输：交通运输的新变革［M］．南京：江苏科学技术出版社，2017.
［35］唐智慧，牟瑞芳．交通运输安全技术［M］．成都：西南交通大学出版社，2017.